広告0円

スマホを電話だと思う人は
読まないでください。

吉良俊彦

生活者にとって、広告はいつも0円。

だから……

はじめに

「駅伝を見ただけで、どうしてこんなに面白い発想につながるのですか?」

２０１６年の仕事始めは九州の某企業からの依頼で、**インバウンドツーリズム戦略**（以下インバウンド）を命題とする案件だった。プレゼンテーションは1月14日。内容はまさにこの本の骨子。結果は、クライアントの驚きの声とともに、大絶賛で受け入れられた。

プレゼンの当日に披露したアイデアがひらめいたのは、実はその10日前。着想のきっかけとなったのは、毎年元日に開催されるニューイヤー駅伝と、翌2・3日の箱根駅伝だった。たとえ、テレビで放映される恒例行事を見ていても、私の頭の中は常に高速フルスロットルで回転している。私は仕事を請け負うと、クライアントの命題を解決する方法を模索し、プレゼンテーション直前まで「回答」を出さずに考え続ける。

まさにギリギリまでだ。プレゼンの途中に新しいアイデアが浮かべば、プレゼンの内容を変えることも多々ある。クライアントに対して、いつも最新の情報を提供する。それがアドマンとしての心得だと思っているからだ。もちろん、意図して考え続けるのである。だから当然、正月休みだろうが、四六時中クライアントのことをずっと考えている。ずっと、だ。言ってみれば、それはアイデアの源泉に常にプラグインしているようなもの。もっと具体的に言うと、何を見ても「**メディアのこれから**」に紐づけて思考する。また、目の前で起きるあらゆる事象について考えるとき、いつも「**上流に戻る**」ということを信条としている（上流に戻るとは川の下流がいま穏やかであっても川の上流まで遡らないと本当の意味で、これからの川の動きが読めないように、未来を予測するなら過去に遡るべきだ、という持論だ。本書の巻末にメディアの歴史年表を挿入したのはそのためである）。だから、私はいつも、何かと「**つながっている**」状態にある。そんな環境に自分自身をいつもキープし続けることが癖になっている、と言っていい。

ふたつの駅伝大会を見終って、両者を比較した。どこに違いがあるのか。まず、ニューイヤー駅伝。見終って記憶に残っているのはレースの結果のみだ。前橋、高崎、群馬県……、とランナーが走った中継地点を思い出そうにも、あまり記憶に残っていないのだ。それに比べ、箱根駅伝はどうだろうか。大手町、日本橋、品川、横浜、戸塚、平塚、藤沢、大磯、小田原、箱根。東海道五十三次という名勝の強さ、個性が際だっていることに改めて気づかされる。すべての場所が想起できるのだ。それに比べた時の、ニューイヤー駅伝のスポットの魅力のなさ。私は決して群馬県を馬鹿にしているのではない。課題は、群馬県という土地の魅力が見る者にきちんと届いていない、伝わっていない、いや、届けようとすらしていない、という点にある。このイベントは冠イベントではないか。ならば、何に対してスポンサードしているのかの価値を創出することは極めて大事なことだ。

群馬県の土地柄やその場の魅力が伝わらなければ、わざわざ出かけてみようとは思ってもらえない。ネットで24時間世界中とつながっているいまの時代に、駅伝はランナーの背景に、ローカルのよさをアピールできるまたとないチャンスであるにもかかわらず、コミュニケーションがあまりにも内向きだ。長時間、選手が走り抜けていく風景として群馬県が映し出されていたにも関わらず、横浜在住の私さえ群馬県に行ってみようと思えないのだから、海外の人ならなおさらだ。なぜなのだろう。発信する情報が瞬時に世界中とつながる、いまこの時、何を届けるべきか、という観点の致命的な欠落感は何なのだろう。せっかくのチャンスをみすみす逃しているようなものではないか。もったいない！

この報道の態度は、クールジャパン戦略が醸し出している恰好悪さにも通底する、と直感した。考えて欲しい。自分で自分を「恰好いいね！」と褒める人を一体、誰が信用するだろうか。一体、誰が恰好いいと思うだろうか。

「COOL!」と訪日外国人のみなさんに賞賛されて初めて成立する第三者会話にもかかわらず、一人称にすることで自画自賛する恰好悪さ。

「Enjoy Nippon!」。これは先日、私が講演を行った中国日本商会での三資部会の中で、在中国日本大使館が使った、訪日外国人向けに考えたキャッチフレーズで4月15日のレセプションから使われることが決まったそうだ。簡潔でいて分かりやすい。単に言葉の響きに酔いしれて、伝達すべき命題を忘れてしまったかのような「Cool Japan」よりよほど素敵だ。つっこみどころ満載の死角を埋め、自分のアイデアを強固なものにするには様々なアングルからの観点を持つことが不可欠なのに、他者視点が圧倒的に欠落している。英語ではこう言わないが、「まぁいいか」ですまされる時代は終わった。今は世界とつながっているグローバル時代なのだ。

ドメスティックとローカルしか存在しないがごとくにふるまい続ける日本のメディア。日本語という乗り越えるべき言語の問題以前に、その滑稽さに、もういい加減、私たちは気づくべきだ。

話を駅伝に戻そう。ふたつの駅伝を見比べながら、報道の仕方にある共通点があることに気づいた。繰り上げスタートの瞬間だ。制限時間をオーバーして、選手がたすきをつなげない。その取り上げられ方の異様さに違和感を覚えた。カメラが捉えるのは走者の無念の表情と残念がる観戦客のどよめき。「まさしく、ここぞハイライト！」といわんばかりのドラマティックで煽情的なアナウンス。たすきがつながらないストレスをわざと増長させているとしか思えない。一体、何が楽しくてそんなネガティブなシーンをフォーカスして何度も繰り返し報道するのだろう。なぜ、そういう視点でしかレースを捉えられないのだろう。それはまるで毎年、成人式の日に全国のテレビ局が映し出す、お約束の光景に似ている。たかだか成人全体の０・１パーセントにも満たない、一部の「暴れるヤンキー」をあたかも成人の総意であるように報道するが、あの態度と全く同じではないか。報道の価値をはき違えているとしか思えない。半ば苛立ちながら、そんなことをふと、思った。

何よりもインバウンドとは海外の人々から「COOL!」といわれるプレゼンテーションや

おもてなしを目指すべきであって、決して自らを褒め讃えるような、恥ずかしいメッセージを発信すべきものではないということ。もちろん、自らを貶めるようなメッセージも控えるべきだ。

では、群馬県の魅力を海外の人にどうしたら伝えられるのだろう？ どうしたら、みんなに興味をもってもらえるのだろう？ どうしたら「行ってみたい」と思ってもらえるのか？ それにしても、あの繰り上げスタートの、**つながらないストレス**はなぜ生まれるのだろう？ この「なぜ？ なぜ？なぜ？」の問いかけが、先の命題の答えをすんなりと導き出すきっかけとなった。

それは、こういうことだ。名勝をつなぎながら、選手が走る。その姿を「ルートをつなぐ乗り物」と見立てる。つまり、「ルート＝場所＝観光ポイント」。その観光ポイントを「走りつなぐ選手＝乗り物＝鉄道、バス、タクシー、徒歩」。

インバウンド広告は、まさにお客様にどんなルートを提案できるか、ということに尽きる。言ってみれば、ルートをつなぐ選手こそ、クライアントだと、まず仮説を立てる。すると、「たすきをつなぐ」ことの重要性が際立つばかりでなく、「たすきがつながらない＝ルートがつながらない」時に、お客様が感じる一番のストレスに行き当たる。「**つながらない**」というあの無念感は何かに似ていないか。そう、**Wi-Fiがつながらないときに我々が感じるイライラと同じ**だ。

現在、地方都市の交通網にもWi-Fiを完備するという大規模なインフラ工事が急ピッチで行われているものの、ローカルエリアになればなるほど、難易度は増す。ならば、Wi-Fi不要の4Gを駆使したアプリケーションを作ることで、いかなる時も「**つながる**」、ストレスフリーな状態を確保する。これこそがインバウンド成功の第一歩だと確信し、プレゼンに臨んだ。

クライアントの評価は想像以上に良かった。そして、確信した。「**つながる」という命題**をさしおいて、コンテンツだの、ターゲットだのという議論はもはやメディア論の俎上に載せられるべきではないのだ、と。

2020年、東京オリンピック・パラリンピック開催に向け、対外国人観光客への誘致施策、いわゆるインバウンドが叫ばれて久しいが、インバウンド広告に最も適したメディアは言うまでもなくウェブとモバイル（Web & Mobile）だ。

スマートフォンの普及により誰もがタブレットをはじめとするモバイル端末を肌身離さず持ち歩く昨今、メディア価値という観点からウェブとモバイルは「テレビ、新聞、雑誌、ラジオ」

をもはや抜き、伝達のスピードと世界中に情報を届けることができる間口の広さにおいて圧倒的な優位性を持っている。その事実を真摯に認めることから始めなければ、これからのメディア戦略は成り立たないのだ。もしも、このグローバル化時代に至ってなお、広告媒体としてのウェブとモバイルを軽視する旧時代のメディア関係者がいたら、賢明な読者のみなさんはそんな人達とはただちに距離をおくべきだ。

先頃発表された、ニューヨーク、ウォール街のダウ銘柄の動向指標はまさに、私がこの本で書こうとしている近未来を予見させる。現在、成長株として人気の4銘柄は、Facebook・Amazon・Netflix・Googleだ。ご存じのように、この4社はそのアルファベット頭文字をとって、FANG（＝「牙」の意味）と呼ばれている。牙とはなんとも象徴的だ。なぜなら、従来のメディア王を襲う「牙」という意味で捉えられているからだ。

音楽専門局「ＭＴＶ」や子ども向け番組専門局「ニコロデオン」、映画大手パラマウント・ピクチャーズを抱える複合メディア企業、バイアコム。かつてのような輝かしいヒット番組を生み出せていないメディア王サムナー・レッドストーン氏に対し、物言う株主は「枯渇した創造力」と驚くほど手厳しい。

一方で20世紀フォックスを率いるルパート・マードック氏は、ジェリー・ホール（元モデルでミック・ジャガーの元妻）との4度目の結婚を報じられ、健在ぶりを見せつけたものの、昨夏には次男にCEO権を譲るなど、**世代交代**は確実に進んでいる。最高責任者の高齢化はさておき、娯楽の主体がテレビからネットに移行した消費構造の時代の変化をいよいよ感じないわけにはいかない。彼らが新しい「牙」にのみ込まれる日は近い、とまで報道されているのだから。このニュースは決して対岸の火事ではない。だが、長らく広告に携わってきた身としては、テレビ、新聞、雑誌、ラジオのメディア力を一握りに「旧媒体」と呼んで全否定することはしたくない。

本書では、新たなメディアとして台頭してきたウェブとモバイルに加え、OOHメディア、そしてエンターテインメントとしてのスポーツ&ライブカルチャーもまた強力なメディアだと位置づけ、これまでの4媒体（テレビ、新聞、雑誌、ラジオ）との親和性やこれからのメディアミックスの方向性を考察していきたいと考えている。果たして現在の日本における「マスメディア」とは何か？　これからのメディアの主役は誰か？　グローバル時代の地方創生とは何か？　ワールドワイドウェブ（WWW）における、インバウンドとは何か？　広告が読み飛ばされ、スキップされる、「アンチアドバタイジングメディア時代」の**広告価値**とは一体、何であるのか？

これらの「何?」を問いかけながら、本書であえて、「広告0円」と提唱する真意や、広告における新たなメディアの在り方、これからの可能性を探っていくつもりだ。

とはいえ、「はじめに」を書きながら、実は今現在、自分が導き出した「仮説」を私自身、信用してはいないのだ。なぜなら「あとがき」の言葉を書き上げ、校了するまで、おそらく私はずっと考え続けることになるからだ。極端な話、この本が書店に並んだ後でさえ、考えることをきっと止められないだろう。

「明日は入学式、入社式。東京の桜は満開でしょう」。このように毎日速報で伝えられる日々のニュースでさえ、インターネット上では分刻みで更新され、書き換えられる。めまぐるしく変わる予告編、他者からの未来予測に急き立てられているような時代に私たちは生きている。せっかくなら追い越される前に、自分自身を常に更新して、未来を刷新していきたい、と感じる。

十年来の友人である村上龍氏は私を「破壊する人」と呼んだ。その名の通り、本書では章が進むごとに前章を破壊し、新たな仮説を打ち出し続けていけたら本望だ。常に更新せよ。自分自身にそう言いきかせ、世の中の思考停止状態に「牙」を剥き続けることで、新たなメディア論に布石を打つことができたなら、こんなにうれしいことはない。

2016年3月吉日　吉良 俊彦

INDEX

第1部

第3章
新メディアへの移行と世代交代というマインドシフト

第4章
グローバル&ローカル視点で考える、「新4媒体創生」

第5章
新しい時代を「笑顔でプロデュース」

INDEX

第2部

戦後70年のメディア史

まずこの年表を見ていただきたい。

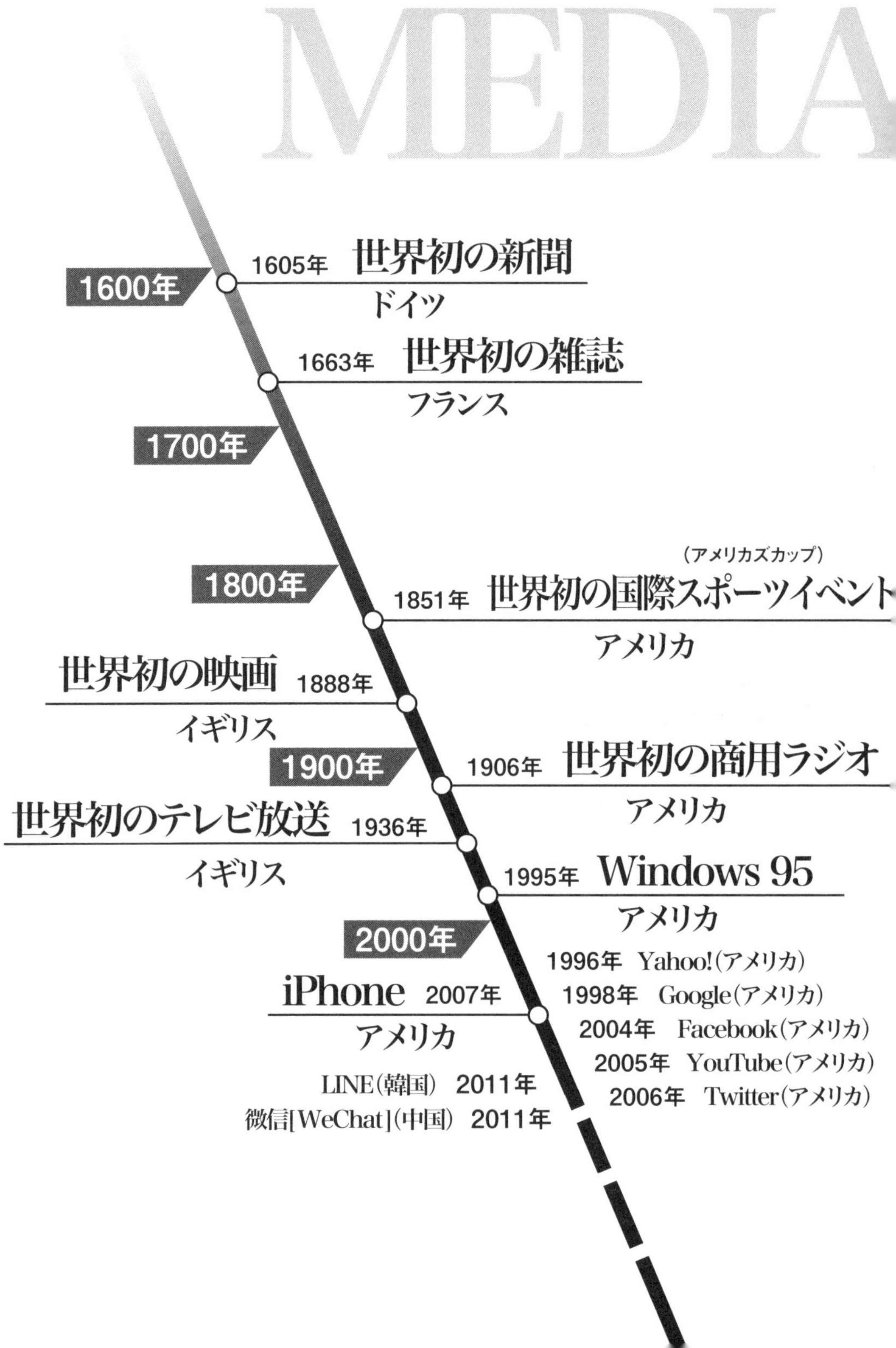

MEDIA

1600年

1605年 世界初の新聞
ドイツ

1663年 世界初の雑誌
フランス

1700年

1800年

（アメリカズカップ）
1851年 世界初の国際スポーツイベント
アメリカ

世界初の映画 1888年
イギリス

1900年

1906年 世界初の商用ラジオ
アメリカ

世界初のテレビ放送 1936年
イギリス

1995年 Windows 95
アメリカ

2000年

1996年 Yahoo!（アメリカ）
1998年 Google（アメリカ）
2004年 Facebook（アメリカ）
2005年 YouTube（アメリカ）
2006年 Twitter（アメリカ）

iPhone 2007年
アメリカ

LINE（韓国） 2011年
微信[WeChat]（中国） 2011年

日本はまだ、世界とつながるメディアを創ったことがない。

だからこそ、世界とつながるコンテンツが大切なんだ。

第1部

第1章

「情報0円」から「広告0円」の時代へ

広告は「出す」時代から「置く」時代へ

あなたの周りに「これからはコンテンツの時代だ」と、したり顔で物申すマーケティング関係者が最近やたらとうろうろしてはいないだろうか？

メディアに長らく関わってきた立場の人間からすれば、いまさら何を？と違和感を覚える人もきっと少なくないはずだ。彼らのいうコンテンツ理論は、たいがい「オウンドメディア」という言葉とセットで語られる。簡単に定義すれば、その名の通り、「自社所有の媒体」である。

いわゆるリスティング広告に代表されるＰＰＣ（ペイ・パー・クリック）広告やバナー広告等、広告費を投じ、費用対効果を重視する「ペイドメディア」、ソーシャルネットワークのように、信用や評判の獲得を目的とする「アーンドメディア」（earned とは信用、評判を獲得するという意味）と対比して使われることが多く、インターネットマーケティングではこの３つを総称してトリプルメディアと呼ぶ動きもある。

では、いまなぜ「コンテンツ」なのか？　そう尋ねると、彼らはこう続ける。「オウンドメディアが声高に叫ばれるようになってきた背景にはSEO(検索エンジン最適化)対策の変化があります。検索エンジンが上位表示する基準がこれまでのリンク先だけでなく記事の内容（コンテンツ）に大きく影響を与えるようになったからです」と。

ところがどうだろう。小手先の技術論を論じる人に「それではコンテンツとは何か？」を訊ねてみると、明確な「答え」を提示できる者がほとんどいないのだ。言ってみれば、いちばん肝心な議論を置き去りにして、インターネットマーケティングという袋小路で戦っているにすぎない。中身は空っぽなのに、フレームの話にばかり夢中になっているように見えるのだ。彼らが言うところの「コンテンツ」には、残念ながら肝心の「内容」がない。

はっきり言おう。なぜ、コンテンツの時代なのか。

それは、**広告を「出す（出稿する）」から広告を「置く」時代へ移行した証にほかならない**（次頁図1）。これがまさに、オウンドメディアの原点だ。

図1　広告を「出す」から「置く」へ

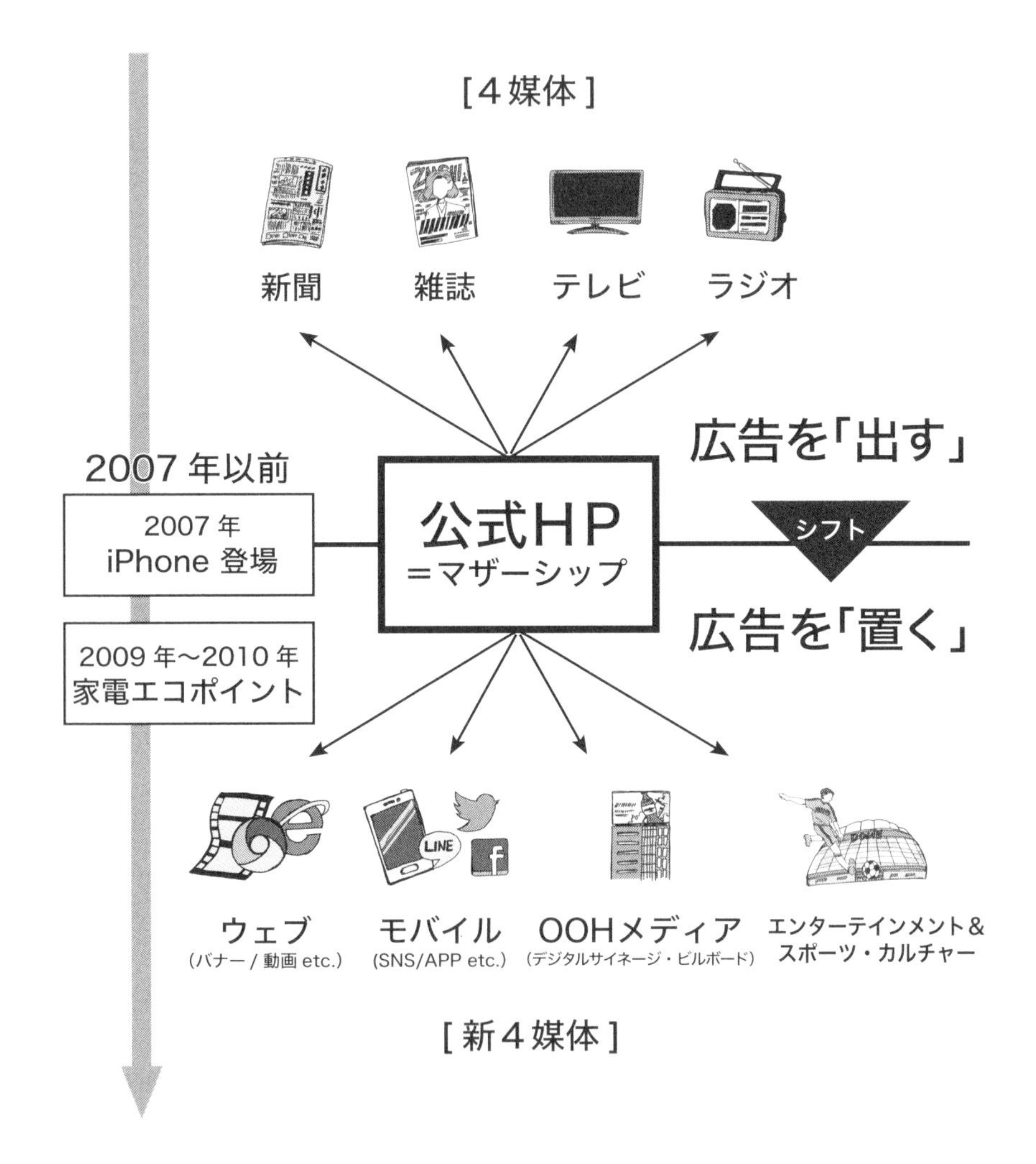

広告を置くとは企業が自社のホームページ（以降ＨＰ）に、最大の広告価値を発揮する、魅力的な自社サイトを置く、ということ。そもそも、自社のＨＰ（メディアの中核であるマザーシップ）上に広告を「置く」メリットとは何か？

◎少ない初期投資で、効果的にユーザーの囲い込みができる
◎情報が必要な人、興味を持った人が必要に応じて、好きな時に閲覧できる
◎購買意欲が高く興味のある人が見てくれるのでターゲットマーケティングができる
◎気に入った人が拡散してくれる
◎世界中の人々に伝達することができる

テレビや新聞、ラジオ、雑誌の広告はすべてその場限りのもので、受け手に意識されなければ「流れていってしまうもの」であった。一方、自分のペースで見たいときに見ることのできるＨＰ（マザーシップ）であれば、押しつけがましさのない分、信頼関係が構築しやすいこともメリットとしてあげられる。

もちろん、ただ「置く」だけでは生活者に届く確率は低い。というよりも、ほとんどゼロに近い。そこで重要になってくるのが、**ＨＰ（マザーシップ）に置く広告に、強力なコンテンツとしての側面を持たせること**、というわけだ。

ＨＰ（マザーシップ）上に断続的に広告を置いても、面白くなければ生活者にアクセスしてもらえない。さらに継続的、かつ訪れるたびにワクワクするような楽しみのあるキーコンテンツをアーカイブ・キュレーションすることで、アクセス頻度を上げていく工夫こそ、必要不可欠である。訪問回数を増やし、それがやがてファンの獲得につながっていく。だからこそ、**企業の存在価値**をＰＲする自社サイトを制作するには何よりもまず、「内容＝コンテンツ」を吟味する重要性が生じるというわけだ。

これまでの広告業務は「企業の商品やサービスをメディアの力を使い、**広**く生活者に**告**げ、生活者から興味を持つ者＝ターゲットを導き出し、最終的に消費者を探し出すこと」にあった。具体的には広告を打つメディアを選定し、出稿して知名度、認知度を高め、興味をひきつけ、さらに興味の継続を促しながら購買へと誘うというのが、広告を生活者へ届けるためのルートだった。

ところがいまでは、まずは自社サイト（ＨＰ）に充実したコンテンツを有した広告を置き、その内容に合わせた、最適なメディアリンクを考える。「出す」から「置く」へ移行したいま、広告は後付けの発想である。そのとき、企業が発信したいコトやモノと生活者や消費者をどうつなぐか。メディアとは何を指すのか。

まさに私たちは、いま新たな局面を迎えているのだ。

「**生活者とつながりにくいモノ（商品・サービス）ほど広告が必要とされる**」というセオリーが、これまでの広告町1丁目1番地の大原則だった。長い間、広告を生業にしてきた私も、もちろん身に染みついている。両者をつなぐものを私たちは日常的に「媒体＝メディア」と呼んできたのだ。

だが、インターネットとモバイルが生活必需品となったいま、私たちは常に「**つながっている**」のである。広告はわざわざ「媒体」を介さずとも、企業の広告・広報の入り口となるＨＰ（マザーシップ）に自社メディア（オウンドメディア）として、置くことができる。

なぜなら、**置くだけで＝広告費０円で、すでに世界中とつながることができるからだ。**

ところが残念なことに、ほとんどのＨＰ（マザーシップ）が日本国内でしか通用しない構造になっている。その上にアクセス数も広告出稿レベルには、遠く及ばない。内容的にも日本国内ですら通用していないのが現状だ。

「コンテンツ、コンテンツ」とお題目のように唱えながら、「オウンドメディア」とは名ばかりで、メディアたりえていないのが現実だ。

インターネットをいち早くメディアと正しく認識し、グローバル発信を成し得ている一部の企業を除き、瞬時に世界中とつながる好条件がありながら、ほとんどのＨＰ（マザーシップ）は限りなくドメスティックかつローカル仕様にとどまり続けている。本来、グローバルとドメスティック、グローバルとローカルはつながっているにもかかわらず、両者の間には国境線が存在するかのように、まったく別のものとして断絶している。

日本語でＨＰ（マザーシップ）を制作する以上、言語の壁が立ちはだかるのだから仕方ないと見る向きもあるかもしれない。では、日本語を英語に翻訳してＨＰ（マザーシップ）を作りかえれば解決するだろうか。

答えはノーだ。言語問題以前に、さまざまな厄介な問題が可視化されないまま横たわっているように思える。一体、私たちはいつまで閉ざされたコミュニケーションを続けるのだろう。日本のグローバル化が２０００年のＩＴ革命から早15年以上経た今でもこんなにも立ち遅れてしまっている理由は何なのだろう。

この問いかけこそ、私が本書を書く動機となった。

「広告０円」の認識が高まったいまこそ、改めて「広告価値」が問われている。

考えてみて欲しい。

広告は広告主にとって膨大な予算を投じる先行投資であり、「広告を出す」場合、常に有料だ。しかし、**「生活者から見て広告はもともと０円」**。メディアを媒介にこれまでも広告は生活者には０円で届けられてきた。広告を出稿する時代からマザーシップ上に置く時代に移行したいま、０円であることは変わらない。だが逆説的なようだが、誰も彼もが０円で広告とつながる時代だからこそ、広告そのものにいかに広告価値をつけて消費者が商品を購入しようとするか真摯に探ることが求められる。

実は、この光景に見覚えがある。

メディアの立ち位置を紐解いていくと、「報道0円時代」において報道価値は有料、「情報0円時代」において情報価値は有料だったからだ。（報道0円の時代、情報0円の時代については第3章で詳しく後述する）。

これまで私は独自のメディア論を数々の著書で展開してきた。マスメディアからターゲットメディアへと時代が移り変わる時期には『情報ゼロ円。～雑誌はブランディング・メディアである。～』（2002年）、『ターゲット・メディア主義～雑誌礼讃～』（2006年）、『ターゲットメディア・トルネード～Web広告、雑誌広告、交通広告（OOH）が効果的なワケ～』（2007年）を発表してきた。

いずれも時代の移り変わりとともにマスメディアからターゲットメディアへ移行してきたメディアの在り方、役割、そしてターゲットの属性を考察する著書であったが、詳細は拙著をお読みいただくとして、先に進もう（前記著書を既にお読みの方は、読み飛ばしてもらって構いません）。

『ターゲットメディア・トルネード』を発表したのは2007年。

まだ、10年も経っていないのに、読み返すと、我ながら隔世の感を覚えずにいられない。まさにこの驚きは私にとって、拙書刊行直後に発表された**iPhoneの登場**がいかに私たちの生活に大きな変革をもたらしたのか、という再発見でもあった。

本書ではこれまで推し進めてきたメディア論の最新版を書き進めていくつもりだ。**従来の4媒体（新聞、雑誌、テレビ、ラジオ）**に加え、２００７年以降、台頭してきた**新4媒体（ウェブ、モバイル、OOHメディア、エンターテインメント&スポーツ・カルチャー）**を通じて、**広告0円時代の広告価値**について新たに探っていきたい。

なぜなら、**旧4媒体と新4媒体**、両者を**つなぐ親和性**を紐解くことこそ、これからの時代の新たな「広告価値」を探る鍵だと確信しているからだ。

未来の広告価値の展望を導き出すには、過去の変遷を知らずに語ることはできない。本質を見極めるためには「上流に戻れ」というのが、常に私の信条だ。

過去を見据えると、未来が見えてくる。ここで少しだけ過去に戻って、おさらいしてみよう。

日本のメディア成長　その1

すべては2000年IT革命からはじまった
パーソナルコンピュータからモバイルへ

2000年、マイクロソフトが「Windows 2000」をリリースしたのを皮切りにIT革命が起きた。家庭にPC（パーソナルコンピュータ）が普及し、インターネットが幅広く利用され始めた。2000年はIT元年と称される。

同年、350社の広告主を集めたGoogle AdWordsが開始され、クレジットカードによるオンライン決済、キーワードによるターゲット設定、検索結果のフィードバックなどを利用できるセルフサービスの広告プログラムが加速し、誰もが情報を自分で発信し、取りにいける時代の幕開けとなった。携帯電話の小型化が進み、利用者数は右肩上がりで増えた。

2001年、アップルが「iPod」を発表。それと同時にiTunesサービスを開始。マイクロソフトが「Windows XP」をリリース。

2004年、Facebookがサービスを開始。携帯電話の急速な普及に伴い、ソーシャル・ネットワーキング・サービス（以下SNS）が流行する。

日本ではPCと携帯電話はこの時、既に必須アイテムとなった。mixiや前略プロフ、ブログなどで10代・20代が当たり前のように情報発信者になっていく。当然、これらの動きは生活者のメディア接触時間に大きな変化をもたらした。

1日は24時間。限られた時間軸の中で生活者に情報を届けるということは変わらない。従来通りのマスメディアがタイムテーブルを生活者に強制するプログラムであることに対して、ウェブは生活者が情報を得る時間を自らコントロールすることが可能なターゲットメディアである。

ウェブは企業と生活者に新たな接触ポイントをもたらす、チャンネルだったのだ。当然、それはメディア・プランニングにおける「起点」を捉えるアドマンに発想の転換をせまるものだった。

メディア・プランニングの起点を、ターゲットにおいて広告を作るか、それともこれまでマスが得意としてきた生活者において広告をつくるか。これを機に、企業と生活者をつなぐメディアの選択肢は完全に複合型に変わっていった。あの頃の、誰も彼もが「メディア・ミックス」という言葉にうなされていたことが懐かしい（次頁図2）。

図２　プログラミングメディア＆ターゲットメディア

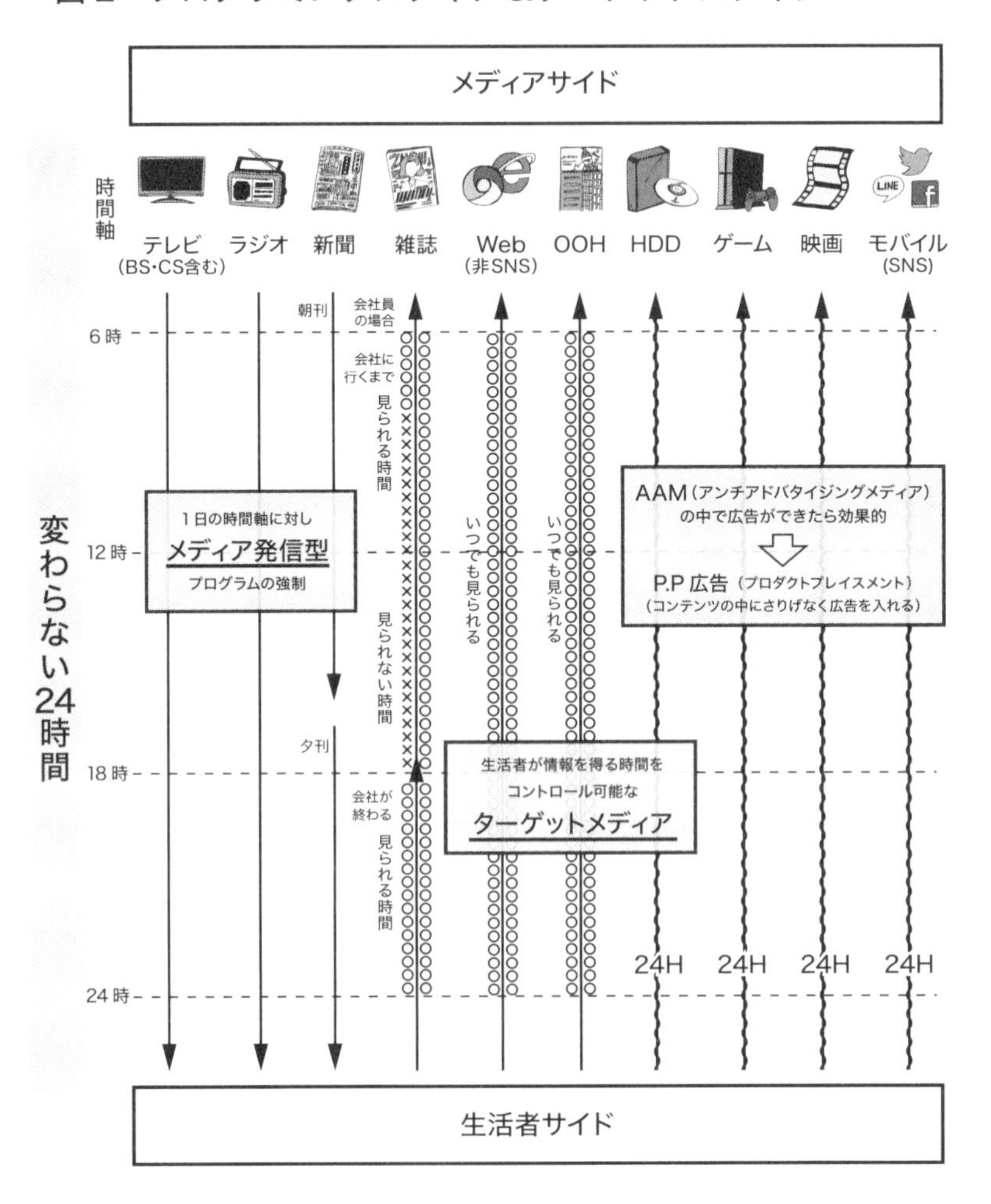

そこで編み出したのが「ターゲットメディア・トルネード」という発想だった。

平等に全国民（＝大衆）に情報を伝える必要があるため、速さ（Speed）と到達範囲（Reach）を重要と考えるマスメディアに対し、情報を欲しい人（＝興味を持った人＝Target）が能動的に選択するため、人数は少ないがポテンシャルは高いターゲットメディアの相関図である。

間口の大きいマス面から（上から）順に届ける広告伝達を進める一方で、ウェブが従来のマスでは到達しえない領域を埋めていく役割として、（下から）竜巻を描くように逆円錐に立ちあがるメディアとしてのパワーを表現したものだ（次頁図３）。

当時の私は、著書『ターゲットメディア・トルネード』（宣伝会議）で翌年以降、２００８年型の広告を次のように定義して筆をおいている。

２００８年型広告とは、企業の商品をメディアの力を使い、広く生活者に告げ、生活者から興味＝ターゲットを導きだし、最終的に消費者を探し出す。そして、その消費者に対して、継続的なメンテナンスを行い、再購入を促し、ロイヤルカスタマーを生み出していく。その一連の業務をターゲット・ブランディングと呼ぶ。

図３　ターゲットメディア・トルネード図

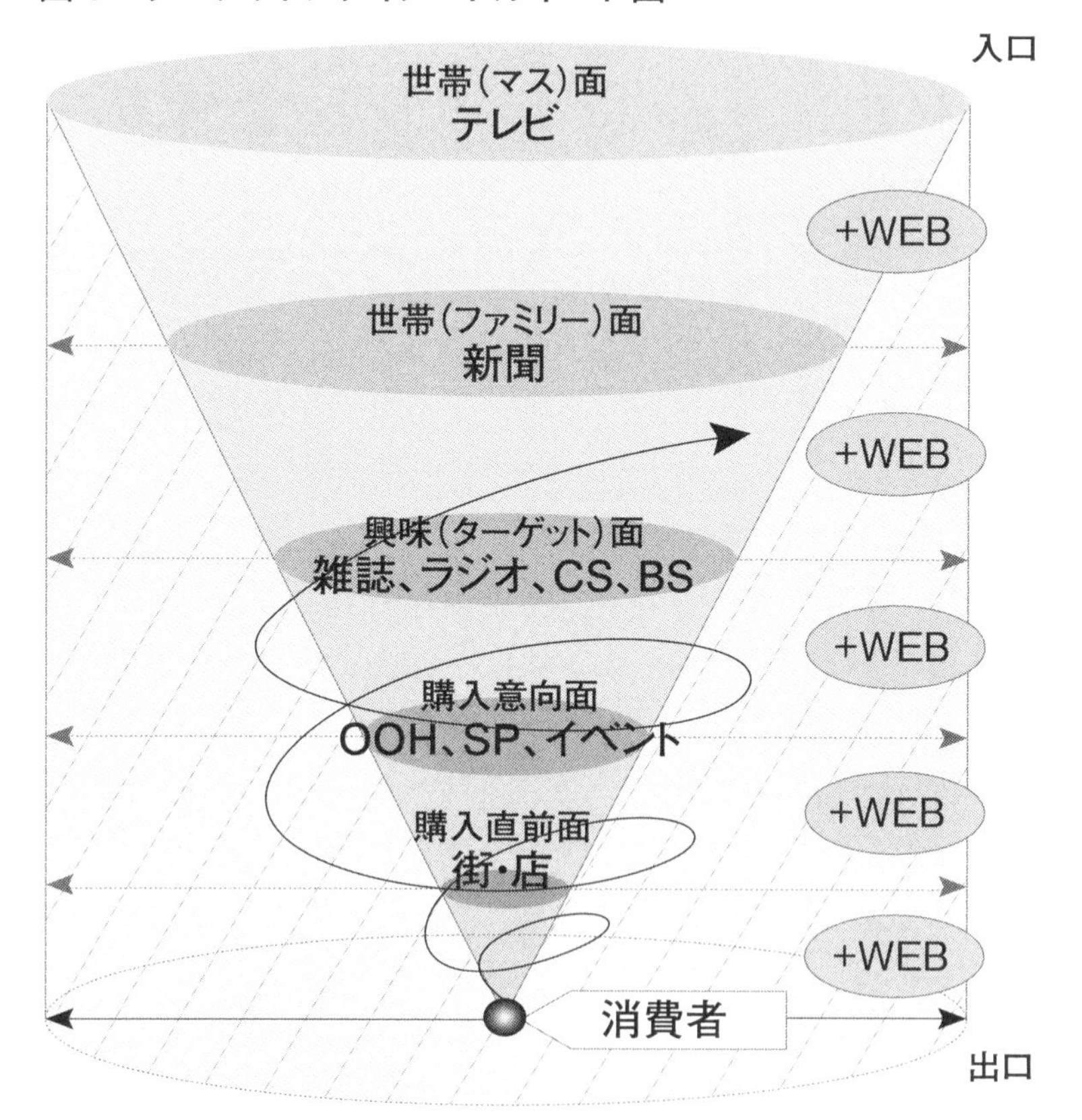

2000年代中ごろまでは、このトルネードを覆うかたちでウェブが利用されていた。つまり既存メディアを補完する役割だ。テレビや雑誌などでは、企業ホームページやショッピングサイトに興味者を誘導する広告が制作された。検索サイトで自社商品が上位に表示されることも重要だった。

ウェブはこの時点で既に強力なターゲットメディアとして疑いようのない大きな存在感を示していたが、当時のマスメディアはウェブを従来のテレビ、新聞、雑誌、ラジオの4媒体に新たに加わる第5媒体と表現するにとどめ、メディアとして認知することに積極的ではなかった。思えば、ウェブこそが新時代の最強のメディアになるかもしれないと未来予測を報道することもなかった。誤解を恐れずに言えば、あの頃、既存の4媒体はどこか上から目線で、第5の新参者をなめていた節があったように記憶している。

2004年から2005年にかけて、ライブドアがニッポン放送を、楽天がTBSを買収する動きに名乗りを上げた際、どちらも旧体制からの強烈な猛反撃により失敗に終わったことはいまだに記憶に新しい。

同列資本系列にある新聞社とテレビ局の関係。朝日、読売、毎日、産経、日経の5大新聞はそれぞれ、テレビ朝日、日本テレビ、TBSテレビ、フジテレビ、テレビ東京というテレビ局を包括し、かつABCラジオ、ラジオ日本、TBSラジオ、ニッポン放送、ラジオNIKKEIというラジオ局を傘下に置いている。このように巨大メディアが同資本による同一体系にあるという国は、世界広しといえども珍しい。例えば、アメリカを例にとると、テレビ局がいかに複合企業になろうとも、新聞社とは対等に戦ってきた歴史がある。一方、日本では系列会社同士、同等なのである。そのため、番組捏造問題やテレビ局のアナウンサーの不祥事を新聞であからさまに批判しないのは暗黙の了解として温存されてきた。加えて、朝のワイドショーはすべて複合的系列局のタイアップ番組化しているため、ライバルテレビ局が、競合他社局の新聞社やライバルスポーツ紙の記事を競うように紹介する。お互いに自分たちの記事を紹介し、情報を拡散してもらいたいがために、調整し合っている。当のテレビ局、新聞社は視聴者にはわからない範囲でやっているつもりだったかもしれないが、賢い視聴者はすでにその極めて内政的なカラクリをお見通しだろう。関係者以外これを誰もウィンウィンの関係とは思っていない。

その内向きの仲間意識は戦後、「みんな一緒に」という風潮とそのメディア構造を支える団塊の世代の数の理論で一気に内政メディアを築き上げた。極めて合理的で中央集権的なマスメディアの構造を短期間に形成することに成功した。この輝かしい隆盛のおかげで私たちは本来、お金を払って取りに行くべき報道を0円で受信できるという恩恵にあずかれるようになったことは間違いない。彼らの功績は日本のメディアの大きな発展を後押しする大きなパワーとなった。しかし同時に、鎖国にも似た内政化と既得権益の温床を醸成した。ある意味「功罪」と呼ぶべき側面をも生んだことは否めない。

２０００年当時、ＩＴ革命やインターネットの寵児をもてはやす一方で、ウェブ媒体の存在を独立系新参者として外様扱いした、旧態依然としたふるまいが思い出される。彼らは、その新参者を次世代の出現とみなしながらも、たかだか、ホームページに誘導するバナー広告の役割くらいとしか見ていなかったのではないだろうか。その証拠に、インターネット広告の初期段階はやたら「詳しくはウェブで」という紋切り型のフレーズが連呼された。ウェブはテレビや新聞という主役級のマス媒体を補完するおまけのような扱いだったのだ。

しかし、その後、事態は反転する。インターネットは次世代のプラットフォームメディアとして急激に成長を遂げることになる。２００４年から２００６年にかけてFacebook・YouTube・Twitterといったソーシャル・ネットワーキング・サービス（ＳＮＳ）の誕生に後押しされ、インターネット広告は「不特定多数の大衆」ではなく、「ポテンシャルの高い特定個人」とダイレクトにつながるメディアとしての勢いをますます加速させた。

さらに２００７年に発表されたiPhoneの登場は生活者の広告メディアとの接触時間の変革を決定づけた。16：9という縦横比率のモニターとコンテンツをアプリケーションとしてモバイルに導入する発想は、単に通話目的の携帯電話という通信機器を超え、コンテンツ新時代を予見させるメディアそのものとして登場したのである。

その新時代に生まれたＳＮＳを加えて「ターゲットメディア・トルネード」を進化させたのが「ソーシャルメディア・トルネード」で、〝ＳＮＳは消費者を生むのか、それともターゲットを生むのか、ＳＮＳ上における広告戦略はどちらを生むためになすべきか〟という仮説に答えた形で創ったのが、「ソーシャルメディア・トルネード図」（左頁図４）である。

詳しくは２０１３年刊『来週のプレゼンに勝つ！』（プレジデント社）に戦略図を表記しているのであわせてご覧いただきたい。

図４　ソーシャルメディア・トルネード図

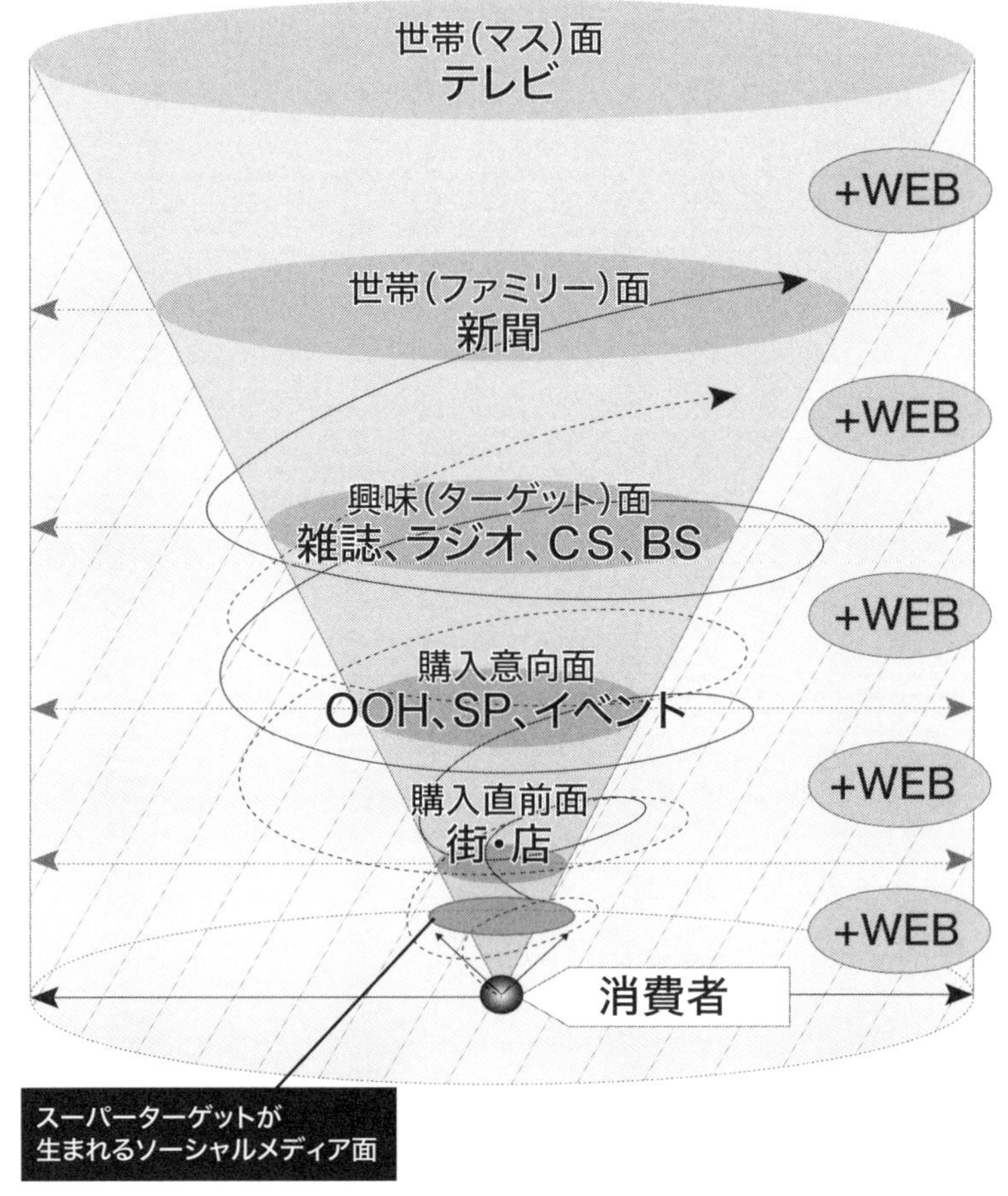

ソーシャルメディアを用いれば、スーパーターゲットがどういう人物であるかという属性分析、そして彼らがどのようなメディアやSNSで情報を得ているかという行動分析が可能になる。これらを普通ソーシャルメディア・マーケティングというが、そのイメージもトルネードの形をしており、ソーシャルメディア・トルネードと呼ぶことができる。

日本のメディア成長　その2

アンチアドバタイジングメディア時代のターゲットメディア
iPhone 登場～エコポイント～現在

特筆すべきは、スマートフォンと相性抜群であるFacebookにしろ、Twitterにしろ、どちらかといえばＰＣとの相性がいいYouTubeにしろ、これらのサービスは「広告」をはじめから考慮していなかったという点だ。

ユーザーも、自分達がゲームやＳＮＳでのおしゃべりを楽しむ時間帯に「広告」が入り込み、邪魔されることを嫌った。さらに、２００９年から２０１０年、地上波デジタル放送への移行に伴い、政府が経済危機対策として推し進めたエコポイントの実施により家庭にＨＤＤ（ハードディスクドライブ）内蔵の液晶テレビが普及したことは生活者の広告嫌いをさらに加速させた。テレビを見ていた生活者はテレビ番組を録画してＣＭをスキップするようになる。この動向に呼応するように、インターネットへの接続時間は右肩上がりで増加していく。２０１０年頃からブログやmixiにユーザーがやや飽きはじめ、廃れていったものの、インターネットへの接続時間はとどまることなく増え続けた。

そして２０１１年、東日本大震災が発生。この時、人々はTwitterで安否確認をし、避難場所や供給物資、ボランティア募集といった情報の拡散や共有を行った。ＳＮＳはテレビや新聞やラジオに代わり、リアルタイムのライフラインとして大きな役割を果たしたのだ。

私自身、実はあの3月11日の当日は上海にいた。離陸前、空港で待機中の飛行機内で東日本大震災の一報を聞き、携帯電話の機内使用が許され、家族の安否を確認した。その後、飛行機は上海を離陸し、羽田に着陸したものの羽田難民は免れなかった。

空港で夜を明かすことを覚悟していたが、状況を何気なくTwitterでつぶやいたところ、天王洲に住む友人が「救難に行きます」と迎えに来てくれた。一晩お世話になり、翌朝は品川経由で新幹線にて帰宅した。ＳＮＳの威力を身をもって知った瞬間であった。またこの日の被災者の光景を見て韓国ではLINEが発案されたことも興味深い。

またゲームという娯楽分野ではモバイル上の基本料金無料、課金アイテム型が大きなシェアを占めるようになり、家庭用ゲーム機の市場を超えた。

ウェブとモバイル。このふたつのメディアの特徴が非広告的であることを私たちは認めなければならない。この傾向は今日現在でも変わらないが、Google・Facebook・Twitterなどが積極的に広告商品を打ち出すことで、企業はより細かくターゲティングできるＳＮＳにも広告費をかけ始めるようになるだろう。

２０１４年、インターネット広告の売り上げは4媒体のうちテレビを除く3媒体（新聞＋雑誌＋ラジオ）の合計を上回った。また２０１5年3月末にはスマートフォン契約者が携帯電話契約者のうち、ついに過半数を突破した。都市部の広告ターゲットにおいてはほとんどがスマートフォン主流である。

ＧＰＳを目的とした軍事産業の一環として発展してきた通信機器の技術革新はこれまで商品の軽量化、薄型化、小型化を推し進めてきた。軽・薄・小こそが進化の証だったからだ。ところが、iPhone 6 Plus はこれまでのセオリーを根底から覆すことになる。

iPhone 5 から iPhone 6 へ移行する時、iPhone 6 Plus の画面が以前よりも大きくなったのだ。ユーザーの多くは小気味いい裏切りを経験したのではないか。この変化は何を意味するのか。それはもはや **iPhone が単なる携帯電話ではない**ということにほかならない。16：9の縦横比率を持つモニター画面を眺めながら、私は遅まきながら気づいたのだ。

スティーブ・ジョブズとビル・ゲイツの戦いは「いまだ終わっていない」ということに。

第1部

第2章

ターゲットメディアを加速させた、iPhone

ビル・ゲイツ、スティーブ・ジョブズは「新メディア創造主」である

ビル・ゲイツとスティーブ・ジョブズ。電話を発明したアレクサンダー・グラハム・ベルや相対性理論のアルベルト・アインシュタインのように将来必ず、歴史の教科書に永遠に名前を残すであろう、ふたり。

ふたりは長年、「宿敵」だとか「ライバル」だと思われてきた。実情は、もう少し複雑で両者は共存関係にあった時期もあった。巨象ＩＢＭを追いかけていたスティーブ・ジョブズにしてみれば、マイクロソフトのビル・ゲイツなどライバルの範疇ではなかったようだ。ジョブズとゲイツの歩みは「兎と亀」に喩えられるほど、マイクロソフトの成長はゆるやかで地味なものだった。しかし、ある時期を境に事態が逆転する。

Windows 95リリースである。ビル・ゲイツはInternet Explorerを発表し、ワールドワイドウェブ上のシェアを既存のブラウザーと競い合う市場に参入した。

ビル・ゲイツはこの時、「The Internet Tidal Wave（インターネットの潮流）」というメモを配信し、インターネットこそがパーソナル・コンピュータの発明以来の最大の開発であると宣言した。

そしてその宣言は、言葉通りとなった。２億ドルをかけた発売キャンペーンは全世界で話題となり、当時の新聞やテレビを震わせた。同時期にYahoo!サービス開始。

また、ゲイツの最大の武器は「ワープロソフト＝ワード」、「表計算ソフト＝エクセル」をはじめとするソフトであり、ＯＳ（オペレーションシステム）であった。１９９０年代初頭よりコンピュータの主導権はハードウェアからソフトウェアに移行しており、Windows 95こそはＰＣ界を制覇するＯＳとなったのだ。

いまでこそ熱狂的なファンを獲得しているMacだが、そのMacユーザーでさえ、マイクロソフトのＯＳをインストールし、その性能と汎用性の恩恵にあずかっているくらいだ。

一方のジョブズはその頃、こうした世の中の変化を見誤り、あくまでもハードウェア開発に固執していた。「ネクスト」を立ちあげ、「ネクストキューブ」で世間に話題を提供したが、自慢のハードウェアは全く売れず、苦戦を強いられた。創業メンバーの多くはこの時期に沈みゆく船を見捨て、ジョブズの元を去っていった。その結果、経営手腕を問われ、解雇となったジョブズ。

一方のマイクロソフトは売り上げでアップルを抜き、ゲイツの快進撃は続いた。以降、2010年までアップルは売り上げにおいてマイクロソフトの後塵を拝することとなる。

もちろんジョブズは負けていなかった。1996年にアップルに復帰後、1998年に「iMac」を発表。箱から取り出してすぐに使えるオールインワン家電としてのパーソナル・コンピュータ。斬新なフォルムとその革新性は、まさしくジョブズの面目躍如というほかなかった。

スケルトンタイプの鮮やかなブルーをはじめ、キャンディカラーを思わせる全5色展開。初代マッキントッシュの原点に立ち戻って製作されたiMacは98年の発売から6週間で27万8000台、年末までには80万台を売り上げ、アップル史上最大の売れ行きを記録したのである。デザインは以後、アップルの主力ヒット商品を手掛けるジョナサン・アイブが担当。

さらに「iMac」発売時のブランド広告が素晴らしかった。今や「重力波」で改めて時の人となったアインシュタインやジョン・レノンなど歴代の革新者たちのポートレートを用い、「Think different.」のキャッチコピーを発信。メディアジャックとも呼ぶべき広告キャンペーンは、世界中に「衝撃」を与えたといってよい。

マイクロソフトを敵視していたかと思われていたジョブズは１９９７年、突然意外な行動にでる。マイクロソフトと提携を発表し、マイクロソフトから投資を引き出して長年懸念されていた提訴案件を解決させたのだ。この出来事はウォール街と株主を喜ばせはしたが、Mac ファンからは当然大ブーイングであった。この時、ジョブズは次のような興味深い言葉を残している。

「アップルが勝つにはマイクロソフトが負けなければ、という視点を乗り越えねばならない」

先の成功で勝算を得た余裕と見る向きもあるが、「パソコン市場でふたりしかいないプレーヤーが協力し合わないなんて馬鹿げている」と平然と言い放ったジョブズ。

彼はこの時すでに、コンピュータを超えた、さらにその先の未来を確信していたのだと直感した。その予感は的中した。次々に発表される新製品がそのことを証明してくれた。

２００１年には iPod を発表し、iTunes サービスを開始。世界で2億台を売り上げた iPod の成功の理由は使いやすさという操作性やスタイリッシュなデザインなど製品自体の魅力であることも間違いないが、特筆すべきは iPod に Windows 対応を盛りこんだインパクトだろう。

ネットでの配信サービスiTunesミュージックストア（iTMS）の登場こそがiPodの爆発的な売れ行きを後押ししたのだ。パソコンがどんなに最新のCPUや大容量のハードディスクドライブを搭載しようが、「ソフト」がなければただの箱だということを過去の経験からジョブズは学んでいた。ワーナー、ユニバーサルをはじめ米国の5大音楽レーベルを参加させ、豊富なプレイリストを実現したiTunesミュージックこそ、iPodを成功に導いた最高の立役者であった。

アップルがその商標をめぐって長きにわたり、ビートルズと闘ってきたことは有名だが、音楽業界への参入はさらなる闘いの火種となってしまう。この時、ジョブズは「アップルのiTMSは音楽を流しているのではない。データを転送しているだけだ」と抗弁し、周囲を唖然とさせたという。ところが、裁判所はこのジョブズの主張を全面支持。アップルにもビートルズにも歴史に残る判決が出た。

翌年、**2007年にジョブズは社名変更を発表した。iPhoneを発表した同年、Apple Computer, Inc.はApple Inc.となった。**驚くべきことに、ビートルズのアップルレコードは

「ジョブズのアップル」からライセンスを受けて商標やロゴを使用し、新時代の幕開けとなった。このような未来をかつて誰が想像しただろうか。

「Mac・iPod・Apple TV・iPhone。コンピュータと考えられるのはMacだけだろう。よくよく考えてみた。われわれの名前もそれを反映すべきじゃないか」

そう言ってジョブズは社名から「コンピュータ」を取り払い、身軽になったように思えた。しかし、iPhoneの画面、縦横比率16：9はコンピュータのモニターの比率と合致する。「iPhoneでインターネットの全てが手に入る」と初期の広告が謳っていたように、**iPhoneは紛れもなく、携帯電話という通信機器を超えたモバイルメディアなのである。**

「スマホを電話だと思う人は読まないでください。」

——本書の副題の意図はそこにある。いや、これが本題かもしれない。

スマホを肌身離さず持ち歩く人のなんと多いことか。生活必需品のレベルだ。かつて私たちの生活にこれだけ親密に浸透したメディアがあっただろうか。iPodが「音楽をポケットに入れた」ように、スマホは当たり前のように老若男女を問わず、胸ポケットや鞄の中に常時携帯され、まさに日常生活の中に「ある」。

16：9の縦横比率のことを思い出して欲しい。日本においてこの16：9は、それまで4：3だったテレビが大型化する際の画面比として使われた。一方でこの16：9はiPhoneの縦横比率である。世界標準はこの比率をモバイルに採用し、スマートフォンの普及を一気に加速させた。

この比率の使用が世界はスマホだったにもかかわらず、日本においてはテレビの大型化の比率として使われたことからも、いかにマスメディアの主軸が常にテレビであったかということがうかがえる。

つまりこの時点で、日本はメディアの主役を見誤ったのだ。まさにメディアのドメスティック化（ガラパゴス化）の始まりだった。テレビ同様にガラケーがスマートフォンの台頭により、一気にガラパゴス化したのは多くのガラケーが「通話」以外の不必要な機能を進化させ過ぎたことにあるといわれている。電話なのか、メディアなのか。ユーザーが本当に必要とする方向性を読み間違えたといえる。

iPod開発の時点でジョブズはすでに音楽というエンターテインメントがメディアになりうることを予見していたのだと思う。ハードディクスからソフトへ。さらにiPhoneに搭載されたアプリケーションを眺めるにつけ、スティーブ・ジョブズは「コンテンツの時代」を誰よりも先取りしていた、と改めて感心するのである。

私は自戒を込めて思うのだ。１９９５年にマイクロソフトが「Windows 95」を開発した時点でビル・ゲイツが新時代の「新メディア創造主」になった、と気づくべきだったと。

Yahoo!・Google・YouTubeはテレビでいうところの「チャンネル」であり、企業と生活者を「つなげる」プラットホームであり、メディアなのだ。それもグローバルメディアだ。

また、２００７年にiPhoneを発表し、アプリケーションという「チャンネル」を開発したスティーブ・ジョブズもまた新たなグローバルメディアを創り出した偉大な「新メディア創造主」だとも。

エンターテインメント＆スポーツ・カルチャーがメディアである理由

先頃、亡くなったデヴィッド・ボウイ氏が２００３年の時点で音楽業界の未来を予見する興味深い手記を残していた。あまりに時代を先読みした秀逸な内容なので、少し長くなるが引用したい。

（略）若い世代のイデオロギーからすると、音楽はタダで手に入って当たり前、そうじゃなくとも安く手に入って当たり前、という考え方になってきていると思う。（略）そういう時代だからこそ、ライヴ・パフォーマンスがより重要になってきて、そこでの体験を最重要視してくるオーディエンスも増えてくると思う。アーティストにとってはレコードを売ってお金を稼ぐ時代は終わって、ライヴこそが唯一の資金源になるはずなんだ。だから何年かの間にレコード産業は存在しなくなるし、音楽のあり方そのものが変わると思うんだ。音楽なんてものは、天国からやって来たすごい男が作り出すすごくスペシャルな産物ではなくなってしまう。僕が若い頃に感じていたような、魔法のような効果は音楽から消えていくと思うんだ。その代わり、音楽は水とか電気とかみたいに当たり前に必要とされて、音楽があって当たり前ってなるんだと思う（笑）。（＊1：p260）

ボウイの予見通り、音楽はすでに「データ配信」され、当たり前のように私たちの生活になじんでしまっている。だからこそ、ライブ・パフォーマンスがより重要という視点も現実のものとなっている。

「0円でつながる」ことが当たり前の時代、音楽、演劇、スポーツというエンターテインメントがメディアたりうると説く理由はそこにある。

ウェブとモバイルは生活者にフォーカスできるターゲットメディアである。しかし、バーチャルな情報のやりとりが技術的に高度になればなるほど、生身の「つながり」を求める動きが生じることは間違いない。

実は、私はそのことを2001年、アメリカの同時多発テロ事件の時に身をもって体験している。

事件当日、私はニューヨーク、マンハッタン島に閉じ込められた多くの人達に交じって、「そこ」にいた。

多くの犠牲者を出し、行方不明の家族を捜し、混乱する人々が溢れかえる状況の中。サイレンの音とキナ臭い粉塵が立ち込める現地では一切の情報は遮断されてしまっていた。

その時、ふと感じたことがあった。何でも伝えられると思っていたメディアに伝えられないものがあると。それこそが「臭い」だった。マンハッタン島のあの時の、あの〝キナくさい臭い〟。今でもあれがトラウマとなっていて、あの時以来、まだニューヨークに足を踏み入れることを躊躇している。「臭い」はメディアがずっと伝えられないものだとその時は思っていたが、映画『チャーリーとチョコレート工場』（2005年）をはじめ、まさに今日の4Dはこの臭いすら伝達を可能にしている。デジタルの進化はアナログのライブ展開の場にも大きな変化をもたらしているのだ。話を元に戻そう。

ワールドトレードセンタービルに衝突したハイジャック機の映像が繰り返しテレビのニュースで流れる。そして、メディアリテラシーの問題が取り沙汰される。その映像以外に「世界とつながらない」ということがこんなにもストレスを生むのか、と辟易した。

身内や仲間達を亡くした上に、自分は生きているという言葉に言い表せない不甲斐なさと、また起きるかもしれないという恐怖で人々の疲労は心身ともに限界に達していた。

そんな時、日本なら喪に服して悲嘆に暮れるところであろうが、ブロードウェイやメジャーリーグベースボールは違った。1週間もたたないうちに、何とか彼らの沈んだ気持ちを慰め、楽しませたいと、魅せるための華やかなショーや試合を再開したのだ。そして私もその時、ブロードウェイで『シカゴ』、『アイーダ』を、そしてニューヨークから移動したサンフランシスコの球場ではジャイアンツ戦を観戦した。まさにこれがアメリカのナショナリズムなのだ。しかも、その会場にはこんなメッセージが打ち出されていた。「エンターテインメントは死なない」。また、アメリカ第2の国歌といわれているアーヴィング・バーリン作曲の「God Bless America」も、私がいた会場を含め各会場で合唱され、アメリカ国民の団結を強固なものとしていた。

悲しみに暮れる心を活力へと誘い、その場に集う人と人を「つなげる」。

その時、「**エンターテインメントこそ、最強のメディアである**」とまさにその場にいた目撃者として確信したのだ。

少し話が脱線するが、「エンターテインメントの神髄」を問われた時、思い出すのは何といってもベートーヴェンの交響曲第九番だ。

第五交響曲「運命」を書き上げた頃から、ベートーヴェンは難聴に悩まされていた。回復の兆しが期待できない自身の「運命」に向き合いながら聴力を失ってもなお、精力的に作曲活動を続け、晩年の彼は「歓喜の歌」である第九を書き上げる。「第九」第四楽章の後半部分に挿入されている、いわゆるお馴染みのサビの部分は交響曲に初めて取り入れられた合唱節としても有名だ。♪ソソソ ミ〜 この、たった2音ではじまる「運命」が世界中に与えた衝撃はベートーヴェンが稀代のメロディーメーカーであることを証明し、第九に挿入された合唱はアイデアマンとしての彼の才能を物語るエピソードとなっているほどだ。

この曲は今日、日本においても「1万人の第九」をはじめ、年末の恒例イベントとして合唱イベントが各地で行われるほど、私たちにも、馴染みの深い名曲となっている。師走に第九を聴くと、知らず知らずのうちに1年間を振り返り、自らを慰労するとともに、新しい年に向け新たな希望を奮い立たせる。そんな歓喜の曲として私たちの生活の中にすでに溶け込んでいる名曲である。

だが、それ以上に興味深いのはこの「第九」がかつて、敗戦後のドイツ国民の悲しみを癒し、苦しみから立ち上がる勇気と再び奮い立つための大いなる活力を与えた曲として大衆に支持され、歌い継がれてきた事実である。聴力をほとんど失ってしまったベートーヴェンは彼自身、第九を「自分の耳」で聴くことが一度もできなかった。その曲が、時代を超え、国を超え、これほどまでに人々の心を揺さぶり続けることに感動を覚える。

歌い継がれることで習慣化されていく音楽の威力。なんと素晴らしいことだろう。加えて、人々の心の中に湧きあがる「歓喜」のお手本としていまなお演奏し続けられるベートーヴェンの偉業に感服する。

もちろん、彼の頭の中では「第九」の旋律は奏でられていただろう。しかし、音の振動として彼の耳で共鳴することのなかった「第九」は世界中で人々の心の中で響き合い、音楽に包まれる喜びをもって一瞬で人々をつなぎあわせる力を放っている。

第九の底本ともいえる、フリードリッヒ・フォン・シラーの『歓喜に寄せて』(An die Freude)はいわば、苦悩を乗り越えた先にベートーヴェンが見ていた世界観、つまり「歓喜」そのものであったのだろう。

「つながる喜び」が善なるもので満たされる。メディアのお手本としてこれ以上の例を思い浮かべることができない。

せっかくなので、抜粋ではあるが第九第四楽章で歌われている「歓喜」の歌詞を紹介しておこう。

##

喜び　それはきらめく神の後光　美しい楽園
その熱い炎を身体いっぱいに満たし
天上なる喜びの聖地へと歩んでいこう
その不思議な力は時流が苛酷にも引き裂いていたものを再び結び合わせる
そのやさしい翼に抱かれれば、すべての者は兄弟になる

##　（＊2：p260）

エンターテインメントが最強のメディアである理由は「つながる歓喜」以外にもうひとつある。それは「**記憶とつながる**」ことである。

私にクラシックへの扉を開いてくれたのは1枚のチケットだった。忘れもしない、1973年10月26日、NHKホール。**ヘルベルト・フォン・カラヤン率いるベルリン・フィルハーモニー**

管弦楽団によるバッハ、ブランデンブルク協奏曲第1番。あの日、カラヤン自らが指揮しながら弾いたチェンバロの響きが忘れられなかった。ブランデンブルク協奏曲第1番は、おこづかいを貯めて買った、はじめてのレコードになった。ＮＨＫホールの落成記念ということもあり、チケットは抽選だったそうで、運よく当たった1枚を母が「行ってきなさい」と私にくれたのだ。

当時はクラシックなどには興味もなく、サッカーの練習の後で、眠い目をこすりながら半ばいやいや行ったのだが、忘れられない体験となった。バッハ、ブランデンブルク協奏曲第1番を聞くたびに当時の自分にタイムスリップしてしまう。

1979年、ロンドンのネブワースフェスティバルで体験したレッド・ツェッペリンのジョン・ボーナムの地響きのようなドラム、ロバート・プラントのボーカル、ジミー・ペイジのギターやその前座だったニュー・バーバリアンズのキース・リチャーズとロン・ウッドのギター……。すべてが昨日のことのように思い出される。

いつまでも「よい思い出」として反芻できる点で、エンターテインメントに勝るメディアはないだろう。スキップどころか、何度も何度も繰り返し脳内で「巻戻し」ができてしまうのだから。

エンターテインメントの素晴らしさは音楽にとどまらない。『オリバー!』、『オペラ座の怪人』、『レ・ミゼラブル』をはじめとするミュージカルにも頻繁に通った。劇場の空気感や匂いまで思い出せるほどだ。

さらに加えるなら絵画やコンサートもそうだし、博覧会も素晴らしいエンターテインメントである。今やエンターテインメントの領域はとどまるところを知らないレベルで拡大している。世界的視点から考えれば、フランスのルーブル美術館、イギリスの大英博物館、アメリカのメトロポリタン美術館など、美術館や博物館は「ある」だけで多くの人々を呼び込み、その企画展示が海外で巡回されるたびに、各地で大型集客が約束される。これはブロードウェイやラスベガスのショー、パリのリドやムーラン・ルージュ、ロンドンのミュージカル、さらにオリンピック、FIFAワールドカップ、ラグビーワールドカップなどにも当てはまる。

日本においては、歌舞伎や劇団四季、宝塚歌劇団などの常設劇場での文化イベント、Jリーグやプロ野球、大相撲、高校野球などのスポーツイベント、コンサートやライブなどの音楽イベント、ディズニーランドやユニバーサル・スタジオに代表されるアミューズメントパーク、国内でも注目され始めたe-Sportsイベントなどがある。

こうしたエンターテインメント&スポーツ・カルチャーはまさに、「体感型のメディア」に他ならない。

インターネットでの「バーチャルなつながり」が進歩すればするほど、こうした「体感型のメディア」への親和性は強まると確信している。なぜならば「1万人の第九」の合唱が象徴するように、その場に居合わせ、体験することで得られる感動は一期一会であり、何にも代えがたい「共鳴」という体験のシェアにつながるからだ。

SNSにおける「いいね！」や「シェアします」というコミュニケーションスタイルは承認欲求を充足させる快感として我々の脳に強く作用することが既に多くの脳科学者によって実証されているそうだ。スタジアムに居合わせた観客同士、その場の感動や興奮が一体化するスポーツ観戦や、ファンの結束感が高まるアイドルのコンサートやライブなど、その場でしか味わえない「一期一会」的体験は各人の「いい思い出」とセットになって「いい気分」で私たちの記憶と脳に刻まれるだけでなく、SNSでの配信によってたちまち世界中の仲間たちに「シェア」され、伝播するのだ。

対広告主の効果的エンゲージメント戦略として見れば、こうしたエンターテインメントに企業名を掲出することで、間違いなく企業のブランド価値を生み出すことになる。ネーミングライツをはじめスポンサーという冠こそが、広告価値を高める行いとして賞賛されるのだ。アドマンの職業病ともいえる視点から、エンターテインメントと生活者との「コンタクトポイント」を考えた時、前述のデヴィッド・ボウイがお見通しだったように、ライブやスポーツや演劇は、ＨＤＤによる録画とは相性が悪いことも見逃せない。

現地に足を運び、リアルに体験できるという場の価値において、高いポテンシャルを秘めた、アウトバウンド効果が期待できるということは間違いない。

もちろん、テレビやラジオにおける提供企業のように、スポンサーシップはこれまでもあった。時代の流れによって、いま企業ブランド力を高める冠の価値がテレビからエンターテインメントに移り始めているということだ。

感動体験そのものの価値を底支えする冠広告、つまりスポンサーの重要性はかつて以上に今後、間違いなく高まるだろう。それは単なるブランド価値を超え、時に企業としての広報のあり方やＣＳＲとしての取り組み表明としても機能していくに違いない。

これこそ、広告価値だ。しかも、特筆すべきは広告０円サイドであるはずの生活者が自ら「喜んで」チケットを直接購入していくという行為そのものがすでに生活者自ら広告を有料化している＝広告価値を創造していることの証である。


おそらく福山雅治が長崎で、２０１６年3月26日に開通した北海道新幹線のテーマソングを歌うＧＬＡＹが函館で、地元にこだわってライブをやり続けるのは、ローカルにおけるメディア効果の役割を彼らが熟知しているからだろう。「場の共有」「体験」という機会を通じての「つながり」の威力を彼らは身をもって知っているはずだ。

ある場所において音楽が人々をつなげる威力を発揮した最たる例として、デヴィッド・ボウイがベルリンの壁の前で歌った「ヒーローズ」をやはり思い出さずにはいられない。

「ヒーローズ」は彼が冷戦時代の１９７０年ドイツに移住していた頃、ベルリンの壁のそばにあったレコーディングスタジオで生まれたものだ。ベルリンの壁の下で落ち合う恋人たちを歌ったこの曲は１９７８年、ボウイのベルリン3部作と言われるアルバムの2枚目に収録されているが、

1987年彼が西ドイツ側の壁の付近でコンサートを開いたとき、次のようなドイツ語のメッセージと一緒に歌われた。「壁の反対側にいる私たちのすべての友人たちに願いを送ります」。この2日後、当時大統領であったロナルド・レーガン氏はドイツに対し、「壁を壊しなさい」と声明を発表。その2年後の1989年、東と西を隔てていたベルリンの壁が崩壊したのである。テレビで放映されたその映像は世界中に大きな勇気を伝播した。それはテレビがマスの威力を発揮した時代の象徴でもある。

2012年、ロンドンオリンピックの開会式でイギリスの選手入場曲として「ヒーローズ」が流れた時は、一瞬にして当時の高揚感が蘇り、心が揺さぶられた。

2011年に設立したマンガデザイナーズラボも、ファッションポートレートイベントというライブドローイングイベントを「お客様の笑顔をプロデュース」をコンセプトに実施している。シンガポール、北京、上海をはじめ国内外で多数実施してきたが、最近ではデジタル技術を駆使して原宿のオフィスとシンガポールのイベント会場をつないだデジタルライブポートレートも行った。これはまさにエンターテインメントイベントの「ライブ感」を堪能できる場の提供であると同時にインターネットを介して、その「場」は一瞬にして世界中とつながることを証明してくれるものだ。

私が講義を受け持っている女子大の学生が、こんな面白いことを言っていた。「ライブって神社とかパワースポットにお参りする感覚にどこか通じるものがあるんです」

言い得て妙だと感心した。と同時に、エンタメはこうした単なる個人的視点にとどまらず、SNSでの個人の情報発信、感動のシェアによって、実はグローバル視点におけるインバウンド戦略としても今後ますます注目されるはずだと確信したのだ。

ここまで注目されてきているウェブ、モバイル、OOHメディア、エンターテインメント&スポーツ・カルチャーだが、これらはすべて「ターゲットメディア」という共通点がある。

ここで改めて「ターゲットメディア」について考察する必要がありそうだ。

ターゲットメディアとは何か?

「ターゲットメディア」という概念にはじめて出会ったのは1990年代。ジョルジオ・アルマーニの雑誌担当になった時だった。

「たくさんの人に対してでなく、的確にアルマーニターゲットだけに広告を届けて欲しい」最初に言われたこの一言はそれまでマスメディアの洗礼を受けていた自分にとって衝撃だった。

「1人でも多くの人に、1秒でも早く」という広告のセオリーを覆すものだった。

いまでこそ、ターゲットリーチとかターゲットGRPと言われるようになったが、その情報を必要としている人だけに確実に届けるという発想は当時のアドマンにとってはコロンブスの卵級に発想の転換を求められるものだったのだ。

表4、表2という特殊面もいいが、中面に4頁以上のマルチを出稿するとより反響がいいとか、年2回のシーズンに必ず購入して下さるお客様の期待を裏切らないリーチ手法は何かとか、いまでいうところの「ペルソナ」を徹底分析して自動車専門誌に広告を出稿するとか、マルチ

ならば観音見開きにしようなど、ありとあらゆることを試した。それこそ地道なトライ&エラーの繰り返しだった。

思えば、現在インターネット企業の広告担当者がバナー広告のクリック数やコンバージョンレートを日々、効果検証しているあの地道な作業とまったく同じである。

視聴率という顔の見えない不特定多数の生活者へメッセージを届けるのではなく、ターゲットリーチの感触を実証できる確実性にもの凄く興奮したのを憶えている。

その時、編み出したターゲットメディアの定義を紹介しておこう。ただし、これはあくまでも基礎中の基礎にすぎない。ウェブ、モバイル、OOHメディア、エンターテインメント&スポーツ・カルチャーという新たなターゲットメディアにおいてはその応用編が求められることはいうまでもない。

ターゲットメディアをどう定義するか？

広告会社は広告主の代わりに、媒体となるメディアを駆使し、ターゲットに対してメッセージを伝えるという役割を担っている。だからこそ、広告に携わる者は「誰に、何を、どのような形で伝えようとするか」を考え抜き、メディアをどう活用していくかを考えだす、メディアの魔術師にならなければいけない。あらゆるメディアパートナーのアイデアを総合的、立体的に捉えた上で、最高のプランを広告主へ提案していく使命を帯びているわけだ。

現在の広告システムでは広告会社の売り上げは基本的にほぼ１００％メディア関連費で成り立っている。マスメディアだけでなく、イベントや店頭もメディアである。クリエイティブの売り上げもメディアあっての売り上げであるから、広義にはメディア掲載のための制作費であると定義づけられる。マーケティング調査は今日では商品そのものの評価調査よりも、メディア選定のための関連調査に多くのコストと時間が割かれている。そこで、広告に携わる者はそれぞれのメディア特性を把握したうえで、動向を分析するための指針なり、定義なりをもたなければならない。

この定義については『ターゲットメディア・トルネード』（２００７年）に詳しく記したが、「おさらい」として駆け足で取り上げておきたい。私は「ターゲットメディアの定義」について左記の６つの観点からいつも分析・解説しているからだ。

定義1 有料（セルフペイド）か？ 無料（ノンペイド）か？

定義2 系列か？ 非系列か？

定義3 365、52、24、12、6、4、1のナゾ？

定義4 24のナゾ？

定義5 主語は誰？

定義6 興味の継続を担うメディアとは？

簡単にではあるが、順に説明していこう。

定義1　有料（セルフペイド）か？　無料（ノンペイド）か？

この本のタイトルにも掲げたように、**生活者から見たとき、すべての広告は0円**である。

生活者サイドから見て、そのメディアが有料か、無料かどうかをここで述べている。結論から言えば「ターゲットメディア」と定義されるものはすべて「有料」だ。なぜなら生活者自らがお金を払って「関わり合う」ことを選択するメディアだからだ。そこでは「ターゲット＝自分」の存在が非常に重要である。

お金を払って関わっている以上、商品やモノに対して強く感情移入するからだ。生活者サイドからメディアに対するアクションが起きやすいのも、自分がお金を払ってコミットしている証だといえる。これこそ、まさにメディア価値。広告を0円で受け取れるはずの生活者がお金を払ってメディアに接触してきた時、そこに広告価値が生まれる入口が作られる。

これに対してテレビ、ラジオはノンペイドメディアと定義される。もちろん民放局からすれば、広告主となる企業からお金を貰っているが、日本全国1億3000万人に対して流される電波のシャワーは生活者からすれば、お金を払っているという意識は薄い。

では新聞はどうか。最近、若い世代はほとんど新聞購読をしなくなっていると聞く。朝の満員電車で新聞を広げているのは40代以上のおじさんばかりということから見ても、20代・30代のほとんどがスマホでニュースをチェックしているといっていいだろう。デジタル購読料を支払っていれば、ペイドメディアであるし、0円の情報だけを閲覧していれば、ノンペイドメディアである。しかし、その0円の情報を受け取るために支払っている通信料を考えれば、厳密にはお金はかかっている。したがって、ウェブやモバイルは「セルフ・ペイドメディア」であると言える。だが、面白いのはそこから受け取る情報が有料コンテンツで課金されない限り、情報はゼロ円だと思わせる点で「ノンペイド・マインド・メディア（お金を払っている感覚を持たないメディア）」たりえていることだ。テレビ、ラジオというかつてのマスメディアを抜いて、ウェブとモバイルはいま、生活者へより親密性を持って、幅広くリーチできる「マス」メディアとなっている。

最後に雑誌はどうか。これは先述のメディアと違い、たとえば車に興味がある人には「自動車専門誌」、ファッションに興味がある人には「ファッション誌」、経済に興味がある人には「経済誌」と完全に個々の興味にアプローチしている点で典型的な「セルフ・ペイドメディア」である。

確実にターゲットに読まれるという特質から「親近感」を持って広告が受け取られる最強の「セルフ・ペイドメディア」とも言える。だが、その最強のメディアだったはずの雑誌は２０１６年現在、返本率40％という大失速を記録してしまった。

電通に勤務していた頃、長らく雑誌局で仕事をし、多くのラグジュアリーブランドと雑誌読者をつないできた身として、さらに雑誌文化そのものを担ってきたリーダーシップ・ターゲット世代の1人として、雑誌は私個人、大変愛着があるメディアなので、心境は複雑だ。

私のありあまる雑誌愛については『ターゲット・メディア主義～雑誌礼讃～』（２００６年）において、余すところなく記しているので、ぜひお読みいただきたい（雑誌については第３章で詳しく考察していく）。

定義2 系列か？ 非系列か？

前章でも少し触れたが、民放テレビ各局は新聞社の系列会社であり、ラジオも系列局である（図5）。極めて合理的に同一資本による系列化を行うことで日本の内政メディアを一気に隆盛に導くことができた。長い間「マス4媒体」として君臨してきたが、いまは「マス」の称号をウェブ

図５　系列ネットワーク

新聞	朝日新聞（1879年創刊）	毎日新聞（1872年創刊）	産経新聞（1942年創刊）	読売新聞（1874年創刊）	日経新聞（1946年創刊）
ラジオ	ABCラジオ（1951年開局）	TBSラジオ（1951年開局）	ニッポン放送（1954年開局）	ラジオ日本（1950年開局）	ラジオNIKKEI（1954年開局）
テレビ	テレビ朝日（1959年開局）	TBSテレビ（1955年開局）	フジテレビ（1959年開局）	日本テレビ（1953年開局）	テレビ東京（1964年開局）
	ANN	JNN	FNN	NNN	TXN

とモバイルに明け渡しつつある過渡期といえよう。

ラジオに関しては、上記の系列系を確立する一方で、ＣＳ放送やケーブルテレビなど系列に属さない、独自性を意識した局もあった。さらに先ごろの規制緩和によって地方局開局が相次ぎ、エリアとローカルに限定した「独立系ターゲットメディア」としての方向性を明確にしているようだ。

ではウェブはどうか。当然のごとく、系列には属していない。系列系が運営するサイトもいくつかあるが、それとは比較にならないレベルで、個別に立ちあがったポータルサイトや企業サイト、個人サイトが天文学的な数で存在している。しかも、個人発信メディアの中心となっているブログやＳＮＳの利用増加率はとどまるところを知らない。最強の「非系列メディア」であると同時に、情報を伝えたい相手を限定できる、究極のターゲットメディアといえるわけだ。

定義3　365、52、24、12、6、4、1のナゾ？

３６５、52、24、12、６、４、１。これらの数字が何を示すか、おわかりだろうか。これはメディアの刊行形態を示した数字である。

３６５は日刊、52は週刊、24は隔週刊、12は月刊、６は隔月刊、４は季刊、１は年刊である。

これまでの日本のメディアでは長いことテレビ、ラジオ、新聞が３６５を担い、雑誌が52を担ってきた。３６５日刊行の３媒体と52週刊行の雑誌を加え、マス４媒体と定義されてきた。

すでに過去のものとなりつつあるサイクルだが、このサイクルから知っておいて欲しいのはメディアが戦後、男性中心の社会システムと呼応し確立してきたことを物語る数字だということだ。

たとえば、雑誌の「52週」という刊行サイクルを支えたのは「週刊誌」であり、「コミック誌」であった。このふたつが52週刊行するという雑誌の量、つまり販売部数を一気に押し上げていったのだ。とりわけコミック誌は週刊という感覚を習慣化させるメディアだった。「毎週、○曜日にコミック誌を買わなくちゃ」という欲求を抱かせるのに、１週間というサイクルは格好

図6　男性のライフサイクル

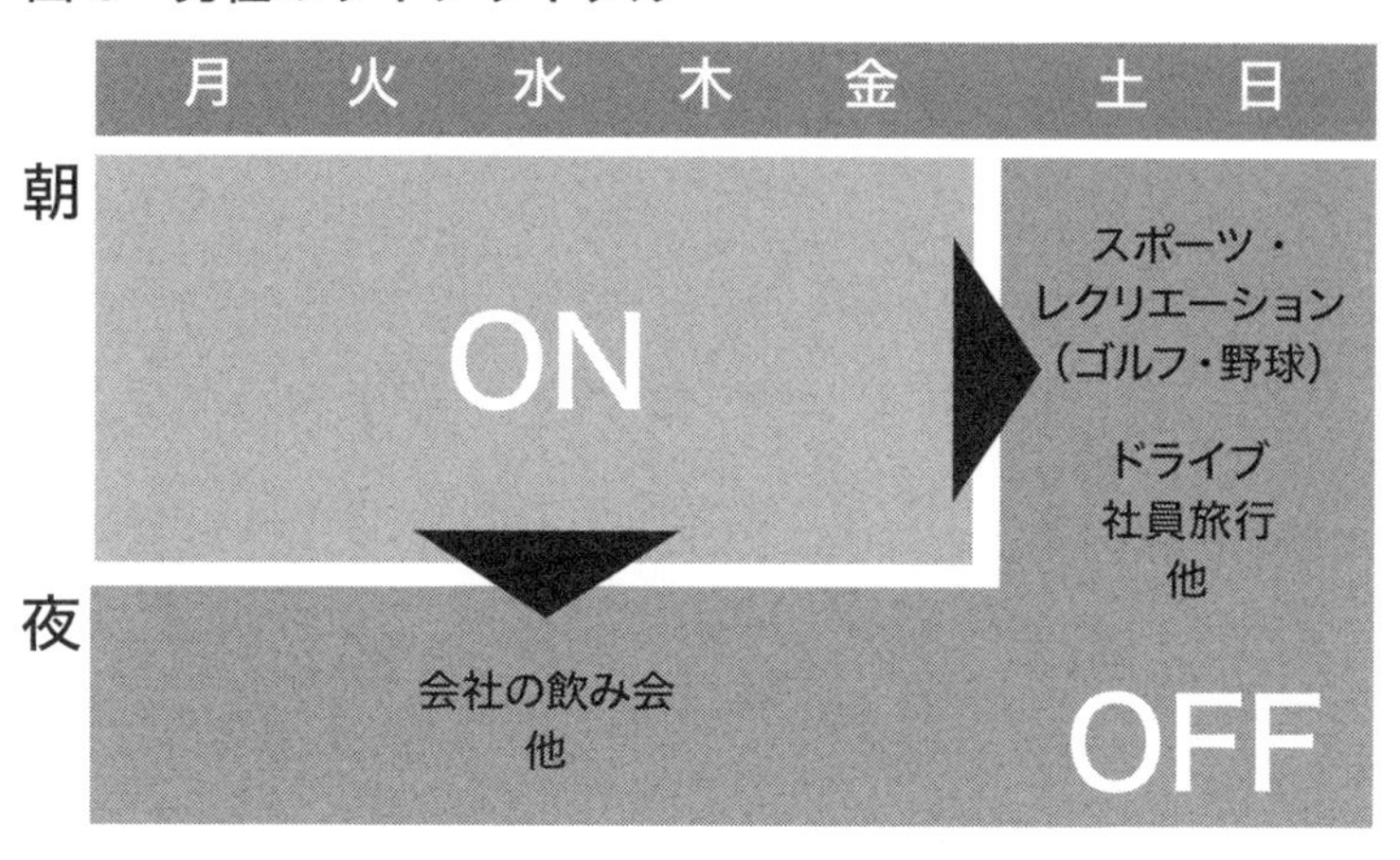

だった。なぜなら、一般的なサラリーマンのライフサイクルと絶妙に呼応していたからだ。例えば、月曜日から金曜日に仕事上のオンタイムがあり、土日と平日夜にオフタイムがある。これを図にすると逆L字型になる（図6）。

戦後日本では大多数の男性の生き方がこの逆L字型スタイルに根ざしていたため、それに合わせるように典型的な日本人の生活モデルが生まれ、メディアの型も作られてきたということは、広告に携わる者として憶えておいて損はない。

これに対し、女性の世界観に合わせて生まれたのが12（月刊）である。1年（12カ月）と世の中の変化を日本の四季の移り変わりと連動させ、「旬」の情報をキャッチアップしていくスタイルが女性達にフィット

図７　女性のライフサイクル

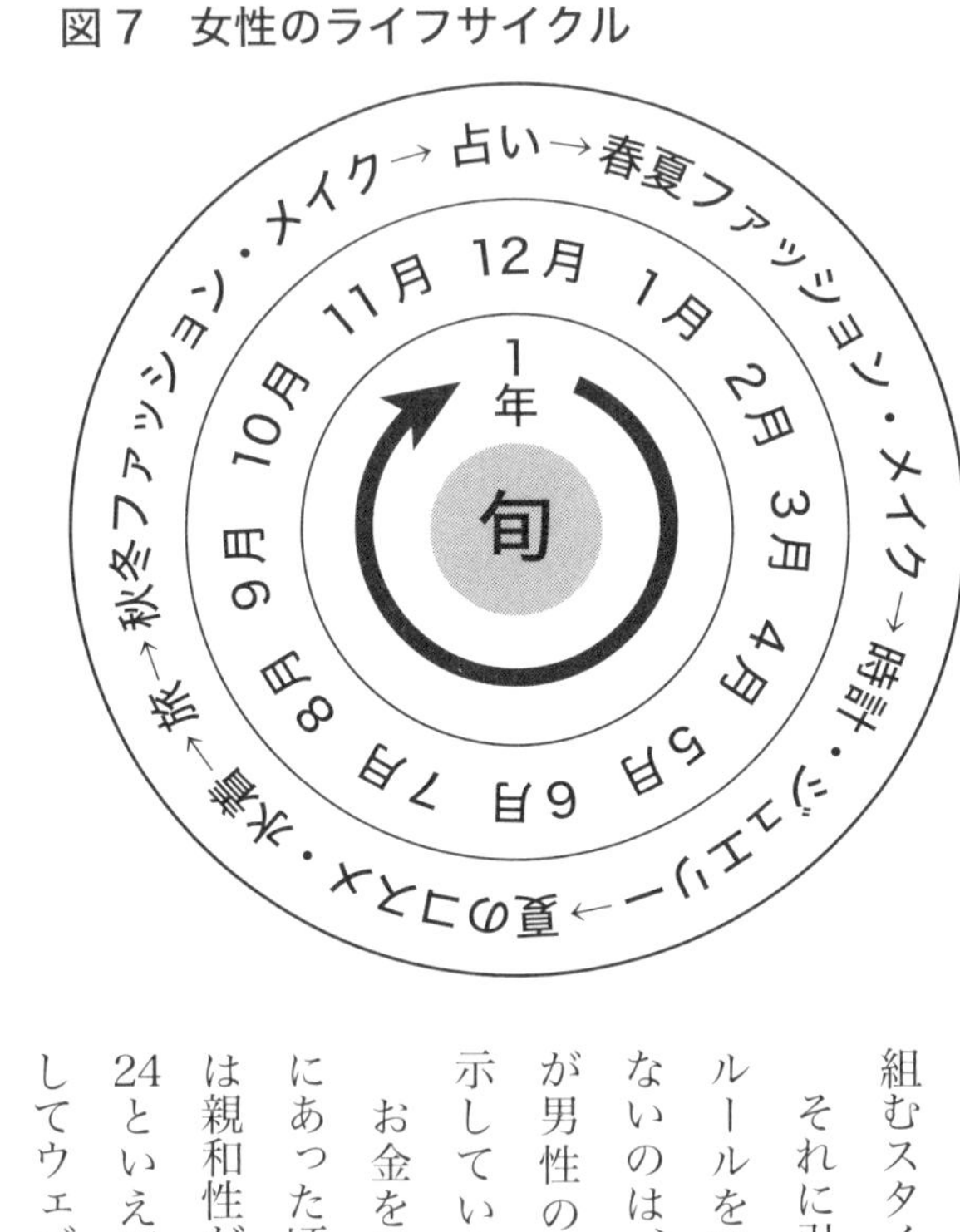

したのである。雑誌の特集内容のトレンドについても翌年の同じ月に同じ特集を組むスタイルが定着した（図7）。

それに引き替え、男性誌では毎年新しいルールを敷くことから始めなければならないのは、「旬」や「季節感」という感覚が男性の意識と馴染まなかったことを示している。

お金を払うメディアの中心がまだ雑誌にあった頃、購読者の生活意識と刊行形態は親和性が高かったのだ。ところがいまや、24といえば24時間接続可能なメディアとしてウェブとモバイルを思い浮かべる人が多いのではないか。

定義4　24のナゾ？

24。これは、まさに1日24時間の意味である。24時間という生活サイクルの中における「コンタクトポイント」＝ターゲットとメディアとの接触機会を考えることは重要だ。第1章 p 42の「プログラミングメディア&ターゲットメディア」の図2を参照しながら読み進めて欲しい。

この時間軸の中で、常に時間とともに動いているメディアがある。それは番組表に基づいて進行しているテレビとラジオである。ふたつの電波メディアはある意味、生活者を番組表によってコントロールしているメディアだと考えられる。生活者が「選択の自由」を行使しようとすれば、それは「見るか見ないか」「録画するかしないか」であり、それはテレビやラジオ側の提供する番組を消去法で選んでいるにすぎない。もちろん、CS放送のペイパービューのような仕組みはシステムに変化をもたらした。スポーツ好き、音楽好きなどお金をとることによって生活者の趣味に合わせた番組選択を可能にした。とはいえ、プログラム自体を自由にすることはできない。

新聞はどうか。スマホで情報を拾っている層は除き、新聞紙購読者層に限っていえば、まず朝刊、夕刊でメディア自ら生活者との接触時間を割り振っている。その点ではテレビ、ラジオと同じように生活者が受け身となる強制的メディアである。

このように学校の授業のような時間割に縛られているメディアに対し、雑誌はいつ読んでもいい24時間無強制のメディアだ。これこそが雑誌をクラスメディア、ターゲットメディアたらしめている強みであったのだ。だが、もはや24時間無強制の最強ターゲットメディアは間違いなくウェブとモバイルだ。私が図2（p42）の中で時間軸の24時間をウェブの場合、「点＝ドット」で捉えているのには訳がある。世界中の人々が時差を超えて使い続けることができるという「コンマ0・1秒のドットメディア」だという意味を込めたかったからだ。時間の強制力はまさにゼロ。

そしてノンペイド・マインドであることからターゲットの幅も無限大にとることができる。さらにグローバル配信である。24という数字が持つ意味と内容において、ウェブとモバイルは間違いなく最強のターゲットメディアであると言い切ることができる。

定義5　主語は誰？

５番目の定義は主語を問うものだ。実はこれが一番重要なポイントだと私は考えている。強制的な側面を持つマスメディアの主語は「メディア」であり、ターゲットメディアの主語は常に生活者その人を指す「一個人」だ。この違いは大きい。もともと「報道」という目的のために生まれたマスメディア（新聞、テレビ）は、メディア自体を基軸と考え、発信伝達をしている。ターゲットは常に大衆、国民全体であり、すべての人に平等に届けることが大前提となっている。一方でターゲットメディアの主語は「一個人」だ。

特定の趣味、嗜好、ライフスタイルを想定した上でターゲットメディアの目的は彼らが望む「情報」を伝えることにある。伝えたい情報をやみくもに不特定多数に届けるのではなく、その「情報」に関心が高い「興味者」を抽出し、ターゲットを絞ることが最初から求められる。ここから、テレビ・新聞はマスメディア、雑誌、ラジオ、ウェブとモバイルはターゲットメディアということができる。

定義6　興味の継続を担うメディアとは？

テレビ、新聞がマスメディアの中心であった1970年から1985年頃までは人がモノを購入するプロセスは「知名→購入」あるいは「知名→理解→購入」であった。商品ジャンルの中で競合が少なければこのプロセスで十分だったからだ。これは「みんな同じモノを買い、みんな同じモノで喜ぶ」という「みんな＝マス」文化全盛期の話だ。

しかし生活レベルの向上や企業商品の競争力の強化によって「みんな」という概念は既に崩壊している。生活者の意識やライフスタイルの変遷については第3章で詳しく述べるが、「みんな」という一時代前の黄金コンセプトはやがて次世代の台頭によって「私」へと変化し始めた。時代の移り変わりに呼応するように変化した「私」はこれまでの「知名→理解→購入」というプロセスは踏まず、「知名→興味→理解→購入」というプロセスを踏むようになった。そこで新たな問題が浮上する。では一体、興味はいつ購入に変わるのか。企業サイドは生活者の興味レベルが購入アクションに移行するタイミングがわからない。そこで「興味を継続させる」必要性が生まれたというわけだ。これにより、「知名→興味→興味の継続→理解→購入」という新たなプロセス、生活者の心理変化を担うメディアが求められるようになった。興味者にアプローチすることが可能なメディア、それこそがターゲットメディアだと定義されてきた。ここからもテレビ、新聞はマスメディア。雑誌、ラジオ、そしてウェブとモバイルはターゲットメディアであると結論付けることができる。

メディアと生活者の親和性を考える

交通広告、屋外広告、チラシ、ネオン、駅貼り、デジタルサイネージを駆使した街メディアなどに代表される「Out Of Home Media（アウト・オブ・ホーム・メディア）」略してＯＯＨメディアは、こうした必然性から生まれてきたターゲットメディアであり、完全にローカルメディアである。ＯＯＨメディアの強みは何といっても生活者の生活動線とともに存在していることだ。「テレビやラジオやウェブサイトで」何となく見知った商品があったとする。仮に興味が湧き、気に入れば購入してもよい、と漠然と考えている人がアクションを起こす場合を考えてみよう。家を出て、目的の商品のある店舗に辿りつくまでを例にとる。駅へ向かい、改札を通り、コンコースを抜け、ホームで電車を待つ。車体そのものが広告である場合もあれば、電車内においても中吊りをはじめ、様々な広告に目が向くだろう。タクシーやバスも同様だ。店に辿りつき、店内に入って行うのは購入前の最終チェック。

お目当ての商品周辺に設置されている赤札やＰＯＰ、場合によっては店員からのアドバイスが最後の一押しとなるかもしれない。めでたく商品を購入した後、梱包されるレジ袋や紙袋、包装紙も立派なメディアとなりうる。その商品を気に入って購入したその人は、メディアたる紙袋をぶら下げて、家路に就くこともあれば、友人と会うために新たな目的地まで移動してくれる。このように絞り込まれたターゲットの生活動線にあるすべてのものはメディアとなる。

広告会社の究極の目的は「消費者探し」だが、ＯＯＨメディアは生活者の生活動線に馴染んでいるため、好意的に受け入れられるポテンシャルを秘めている。生活者への親近感という意味では、使い方次第で、アンチアドバタイジング時代の救世主となりえる強力なターゲットメディアと言えるのだ。

生活者との接触ポイントを考える上で、広告が「好かれるか、嫌われるか」という観点は重要である。自分の好きな時間に接触できる最強のターゲットメディアであるウェブとモバイルは実は広告と相性が悪い。また生活者のアンチアドバタイジング志向は２００９年ＨＤＤの導入でテレビＣＭがスキップされ、疎まれるようになってきたことと無縁ではない。

アンチアドバタイジングの中でいかに効果的に広告するか？　この命題に応えるために生まれたのが、ＰＰ広告（プロダクトプレイスメント）なのである。つまり、コンテンツの中にさりげなく広告をいれるという発想だ。まさに、本書の冒頭で触れた「広告を置く＝コンテンツ至上主義」とはターゲットメディアにおける、最新の広告戦略なのだ。

２００４年に私は、ターゲットメディアソリューションを設立し、雑誌を中心にラジオ、ＯＯＨメディア、ウェブ、モバイルを研究し、テレビや新聞との違いを問いかけ、説いてきた。そのことはメディアの趨勢を見る上では間違っていなかったと思う。ただ、こんなにも急速にウェブとモバイルが成長するとは正直考えていなかった。その変革は２００７年iPhoneがターゲットメディアの中核になってからだ。今日はウェブとモバイルにエンターテインメントとスポーツ＆カルチャーが加わり、「ウェブ、モバイル、ＯＯＨメディア、エンターテインメント＆スポーツ・カルチャー」が新たにターゲットメディアの中核を形成し、元祖ターゲットメディアである雑誌・ラジオとのポジショニング争いを激化させている。

いまの20代はファッション誌を買わない。なぜならInstagramこそが最も信用できる彼らのオピニオンリーダーだからだ。Instagramはコーディネートの自撮りで溢れている。Instagramは嘘がないリアルである。「お気に入りの人をフォローするだけで、広告に踊らされることなく、自分だけのカスタマイズのヒントを得ることができる」と彼らは言う。モバイルはパーソナライズという点でより親密度の高いターゲットメディアである。

親密性を考える上で興味深いエピソードを例に挙げたい。「お願い、Instagramにおじさん、おばさんは来ないで」というあるＯＬのブログが、つい先ごろ炎上した件だ。彼女は「こんなことをいえる立場ではないのだけど」と前置きをしたうえで若者のFacebook離れが進んでいるのは「おじさん、おばさんが始めたからだと思っている」という持論を展開。「友達とだけの世界だった」のに「小学校の先生から友達申請がきたときはどうなるかと思ったよ。断れないし」……というくだりには思わず笑ってしまった。彼女曰く、Instagramも同じ理由でおじさん、おばさんをはじめ、親や親戚が参入してきては困るというのだ。「ネットと実社会のキャラが微妙に違っていて、ＳＮＳではネットのキャラになれたのにリアルな知り合いの目上の方々とそこでつながると色々崩壊するんだよね。リア充アピールは、友達にしてるわけで、上司や親戚にしてるわけじゃない」

しかしだ。インターネットとは誰とでも「つながって」しまうオープンな場。

ＣＮＮニュースが報じたように、ローマ・カトリック教会のフランシスコ法王がInstagramをはじめたとTwitterでつぶやいたところ、最初の1時間でフォロワーが10万に達してしまう世界である。

そのツールに関して実に排他的（ドメスティック）な彼女こそ「おばさん」であり、時代錯誤だと非難が集中したのである。くしくもこの一件はネット世界におけるターゲットメディアの難しさを露呈した。「つながる人」を選択する難しさ、ツールを使いこなす上でのネットリテラシーの問題。さまざまな問題点を浮き彫りにしたが、特にＳＮＳにおいては「居心地がいい居場所」が重要になることを彼女は教えてくれた。

フォロワーが何十万人という拡散力を有したインスタグラマーに至っては記者発表会においてどのメディア関係者よりも優遇されるという場面を何度も目撃している。「iPhone 6Ⓢで撮影」という最近のアップルと通信各社との広告キャンペーンは「カメラマン」の定義そのものを覆すものだった。

さらに２０１６年夏にはLINEがいよいよモバイル事業をスタートする。極めてパーソナルなコミュニケーションの場に「広告」がどう浸透していくのか。新たなステージから目が離せない。

第1部

第3章

新メディアへの移行と世代交代というマインドシフト

「タイムシフト」の発見
マインドシフトできない大人は誰だ？

前章でターゲットメディアの定義をおさらいしながら、あらためて時代の移り変わりの速さとＩＴ技術の進化のスピードに驚かされる。メディアの役割の変化は、単に技術的なアップデートを意味するのではなく、メディアの受け手である生活者のマインドシフトの表れであることは間違いない。マスメディアの定義がもはや時代の移り変わりとともに更新されているのだから、マスコミにおいても旧態依然としたオールドファッションは一掃され、世代交代という名の新陳代謝はあってしかるべきだと私は考えている。思考の硬直を潔しとせず、変化を受け入れる柔軟性やマインドリセットはメディアに携わる人間として不可欠だと思うからだ。

ところが何ともやりきれない光景を目の当たりにすることは少なくない。大学教育機関やセミナーなどで未来のメディアを担う次世代の広告関係者に向け講義を受け持っているが、その懇親会等で耳にする「旧態依然とした上司」についてのお悩み相談は枚挙にいとまがないほどだ。前世代を否定する次世代が新しい文化を創っていくことは自然の摂理ともいえるのに、現場に踏みとどまる既得権益を必死になって守ろうとするおじさん達は私の想像以上にたくさん存在するようだ。

年明けすぐに報道された「〈4K番組は録画禁止〉という驚愕のシナリオ」を民放5社が結託してメーカーサイドへ主張しているというニュースを聞いた時には耳を疑った。官民一体となって、高画質放送である4Kデジタル放送を検討している「次世代放送推進フォーラム（NexTV-F）」をめぐる一件である。各社が技術仕様や放送・サービスの運用規定についての仕様をまとめているタイミングで、こともあろうに民放キー局が「複製禁止の運用規定」を求めて声をあげたというものだ。

NexTV-Fにおいて運用規定を決める作業部会に参加しているのは、民放キー局（日本テレビ、テレビ朝日、TBSテレビ、テレビ東京、フジテレビジョン）、東北新社、WOWOW、ジュピターテレコム、それに受信機メーカーであるソニー、シャープ、東芝、パナソニック。

技術委員会関係者によると、複製禁止を訴えているのは民放キー局5社だという。24時間世界中と「つながる」ことができる時代に、この時代錯誤は一体何だろうか。

記事によれば、テレビ番組の録画に関してコンテンツオーナーやテレビ局が抵抗したのは今回が初めてではないとして、家庭向けビデオレコーダーが普及し始めた時代に起きた、ハリウッド映画スタジオとソニーの8年に渡る係争を下記のように紹介している。

家庭向けビデオレコーダーが登場しはじめると、米国ではこれを映像産業の敵と見なして著作権（コンテンツ複製権）を巡る争いが起き、ソニーや録画機を宣伝した広告代理店、録画した番組を楽しむ視聴者が訴えられた。このときにソニー創業者の盛田昭夫は、「タイムシフト」という造語を生みだし、現在は録画機能の正当性や機能の本質を表現する言葉として広く使われている。タイムシフトは、放送枠という時間に拘束されたテレビ放送を、好きな時間に楽しめるのがビデオ録画機の機能であること端的に示している。無料で放送される番組を個人が私的利用の範囲で複製し、放送時間外に楽しむことは著作権侵害に当たらないとした。これがいわゆる「ベータマックス訴訟」の顛末である。（略）それ以来、テレビ放送をタイムシフトして視聴者が自由な時間に楽しむことは、著作権侵害にあたらず、自由に行えることが運用ルールとして定着。生活スタイルの中にも溶け込んでいる。

（＊3：p260）

技術の進歩によって先の「ベータマックス訴訟」の頃よりも技術的にできることはかなり広がっている。実は「録画の可否」を放送局側がコンテンツごとに決めることは可能なのだという。技術的には可能な「録画禁止」という機能を生活者の私的楽しみを尊重する方針でこれまで運用してこなかったにもかかわらず、いまになって「録画禁止」を主張する意図はどこにあるのだろうか。民放側は〝複製不可〟とすることで、優良なコンテンツを安価に調達することが可能になり、それが視聴者の利点にもなると主張しているらしいが、同時に行われたもうひとつの提案にわが目を疑った。少し長くなるが記事をそのまま引用する。

もうひとつの提案とは、蓄積・記録されたコンテンツの再生制御についての提案である。番組著作情報や広告など、テレビ局が視聴者に認知させたい映像に対してトリック再生

（早送りなどの総称）を不可能とした上で、再生速度も変化させないようにしてほしいという要望だ。CM再生対象の時間帯を放送側であらかじめ指定しておき、再生制御の可否、再生回数（指定回数を表示したらスキップ可能とする）、再生期間の設定（広告掲載期限を決めるということ）などにより、CM表示を強制するというものである。民放のビジネスモデルがCMに依存している以上、こうした提案も理解できなくはない。しかし、光ディスクなど他媒体へダビングすると、その先の記録媒体ごとの運用ルールへと切り替わるためCMスキップを完全に禁止することはできない。なにより消費者が好まないはずだ。

（＊4：p260）

民放が2009年以後、生活者の新しい習慣となった「CMスキップ」を阻止するために今回の提案を画策していることが透けて見えてくる。一連の報道を受けて、あるジャーナリストは「テレビ局は自滅したがっている」とつぶやいていたが、同感だ。

生活者に浸透している「アンチアドバタイジング」の世界観を彼らは完全に読み間違えている。

こうした空気を読まない態度はますます生活者の「広告嫌い」を加速させ、生活者とCMの関係をかえって悪化させてしまいかねない。「5社みんな」で主張すれば、叶えられる時代ではないのに。絶望すら覚えるが、「それにしても、一度しみついた思考回路というものはなかなか変えられないものなのだな」と一方で感心している自分に気づいた。「録画禁止」を主張しているのは誰なのか。ズバリ、系列系のマスメディアを支えてきた「旧時代の思考回路」に他ならない。

来年70歳を迎えるはずの「団塊の世代」が培ってきた成功体験の残響がいまだこの業界では健在だということを露呈してしまったようだ。テレビと新聞を中心としたマスメディアという一大コングロマリットを作り上げてきたのは団塊の世代である。彼ら自身を作り上げた時代の背景を知れば、実は彼らの行動は理解しやすい。私がことあるごとに「上流に戻ろう」と主張する意図はここにある。「敵を知れ」ではないが相手を揶揄するばかりでは、戦略は立てられない。彼らがなぜそういう発想をするのかを知ることが解決策を導き出す唯一の手がかりとなるからだ。

ただ、誤解をしないでいただきたいのは「団塊の世代」と一括りにして非難することは決して私の本意ではない。変わらないおじさんもいれば変わり続けようとするおじさんも確実に存在する。いずれにせよ、戦後70年経った今でも、よきにしろ、悪しきにしろ、さまざまな意味で私たちは「団塊の世代」を知らずにメディアを語ることができないということだ。それは広告に携わる人間にとっては「宿命」のようなものかもしれない。

過去に遡ることは大きな遠回りのようでいて、実は未来を語る上で、最短の近道なのだ。発想を強くする最高の武器となってくれる。その思いから本章では今日のメディアが形づくられてきた軌跡を追いかけながら、これからのメディアの在り方を探る手がかりをみつけていく。

旧マス媒体を支えてきた、団塊の世代その功績と功罪

１９４５年（昭和20年）８月15日。玉音放送は日本国民に終戦を伝えた。戦時中、メディア操作によって伝えられていた「強い国、日本」は一夜にして「敗戦国」となり、復興の道を歩み始めた。この時、国民に「終戦と敗戦国」の事実を伝えたメディアはラジオであり、新聞であった。戦争が終わったことを知り、平和な時代の訪れを実感した国民は未来を託す「生産活動」に励んだ。その結果、戦後わずか数年の間に、ベビーブーマーズと呼ばれるほど多くの赤ん坊が誕生することとなる。１９４７年（昭和22年）から１９４９年（昭和24年）の間に生まれた子ども達はやがて、大きな塊となって経済という大きな歯車を回し始める。作家で経済評論家の堺屋太一氏は後に彼らを「団塊の世代」と呼び、広く人口に膾炙するようになった。学生時代には仲間と学生運動を体験し、社会人になれば居酒屋で仲間と酒を酌み交わし、上司の悪口でうさをはらす「飲みニケーション」を好む。常に集団で行動することをモットーとし、合言葉は

「チームワーク」。団塊の世代が「かたまり」と呼ばれる所以であると同時に、その団結力でマスメディアの隆盛を押し上げた立役者でもある。昭和のこの時期を振り返ると、彼らがどれだけ順調に右肩上がりの成長シナリオを生きていたかがわかるはずだ。ちなみに、彼らの子ども世代が「団塊ジュニア」である。1971年（昭和46年）から1974年（昭和49年）に生まれた。彼らは第2次ベビーブーマーと呼ばれている。

団塊の世代が体験したライフイベントを辿ってみよう（図8）。

ざっと振り返っただけでも見逃せないのは、団塊の世代のライフイベントはまさにマスメディアの転換期を象徴するイベントと重なるということだ。テレビというメディアをマスメディアに成長させたのは間違いなく彼らである。長らくテレビがマスメディアのトップをひた走って来たのは団塊の世代の数の理論に拠るところが極めて大きい。1人でも多くの「ターゲット＝視聴者」を確保するために、人口の多い団塊の世代はテレビ業界の担い手だったからだ。大衆文化、大量生産、大量消費。まさに高度経済成長の申し子として社会構造の仕組みに大きな影響を与え続けてきた世代である。

図8　団塊の世代のライフイベント（団塊の世代はテレビ〔モノクロ〕世代）

年代	社会・文化・流行／おもなメディア史	団塊世代の年齢
1953 （昭和 28 年）	**白黒テレビ放送開始**	4～6 歳
1959 （昭和 34 年）	**皇太子さま・美智子さまご成婚 / 推定1500万人がご成婚パレード中継を視聴、白黒テレビの普及を一気に促した、** 首都高速道路公団発足、 日本初の少年向け週刊雑誌『週刊少年サンデー』創刊（表紙：長嶋茂雄）、 『週刊少年マガジン』創刊（表紙：朝潮太郎）	10～12 歳
1960 （昭和 35 年）	**カラーテレビ放送開始、** 安保改定反対デモ	11～13 歳
1964 （昭和 39 年）	東京夏季オリンピック開催、 東海道新幹線開通	15～17 歳
1968～1969 （昭和 43～44 年）	学生運動激化	19～22 歳
1970 （昭和 45 年）	日本万国博覧会（大阪万博）開催、 三島由紀夫自決、エフエム東京開局、 ケンタッキー・フライド・チキン第１号店（名古屋名西）	21～23 歳
1971 （昭和 46 年）	マクドナルド１号店（東京銀座）、 ミスタードーナツ１号店（大阪箕面）、 日清食品「カップヌードル」発売	22～24 歳
1972 （昭和 47 年）	札幌冬季オリンピック開催、 **NHK受信契約件数、カラー契約が白黒を7万件ほど上回る**	23～25 歳
1974 （昭和 49 年）	セブン-イレブン１号店（東京豊洲）オープン	25～27 歳

モノクロームの世界

カラーの世界

テレビが誕生した当初は駅前などに設置された街頭テレビを見る日々が続いていたが、テレビの黎明期、つまり白黒時代からリアルタイムで体験しているのが団塊の世代でもある。カラー放送が始まったのが１９６０年。彼らが11〜13歳の頃。物心つく頃の幼少期を彼らはモノクロの世界観で育ったと言い換えてもいい。モノクロームの媒体である、もう一つのマスメディア、新聞と彼らが極めて親和性が高いことも決して無関係ではない。もうひとつおさえておきたいことは彼らが戦後復興時代の申し子であるということだ。

戦後、日本の発展に大きな貢献をしてきた功績は讃えられるべきである。民主化教育のもとに育ち、企業戦士として「家庭も顧みず」日本の経済成長を支え続けてきた。彼らのもうひとつの側面は日本の復興とともに育ってきた世代である彼らはアメリカの豊かな暮らしに憧れつつも、根底ではどうしても手放しでアメリカに迎合できない屈折したアンチ観を秘めている、ということだ。その気持ちが募って爆発したのが全共闘運動（１９６８〜１９６９年）。昭和44年アポロ11号月面着陸の同じ年、東大安田講堂は彼らの学生運動によって落城していた。

ＮＨＫ『新・映像の世紀』で放送されていた通り、まさにテレビが世の中の出来事を大衆に伝達する役割を担い、リアルな映像が現実をあらわに映し出したことで、人々はいままで知りえなかったさまざまな情報を知るようになった。このことはやがてベトナム戦争反対の気運や学生運動、民主主義を促進させることとなった。当時のテレビの影響力には目を瞠るものがあったのだ。

学生時代の熱狂を全国の学生運動で過ごした連帯感は想像を絶する以上に強い。彼らが「みんな一緒に生きる」という感覚に支えられていることは本人たちが自覚し、意識して体得している以前に、無意識下の大前提として物事を選択する時の「価値判断」の大きな基準となっていることは間違いない。

「巨人、大鵬、卵焼き」

いまでは死語として片付けられてしまうようだが、団塊の世代を象徴するこれらのキーワードに、私は団塊の世代特有の集団主義、明るさと希望、そして独特の哀愁を感ぜずにはいられない。

いまから10年前の2006年。団塊の世代は57～59歳になった。彼らが還暦を迎える2007年以降、順次定年退職することが予定されており、当時は「2007年問題」として連日大きく報道されていたほどだった。しかし時代の風向きが変わり、予測は書き換えられた。

２００８年のサブプライムローンにはじまる、金融危機。いわゆるリーマンショックである。この余波は日本にも緩やかに伝播した。余裕のない多くの中小企業が新卒採用を控えた。新卒を育てる企業体力がなかったからだ。その代替えとして引退するはずだった団塊の世代の経験とスキルを即戦力としてあてにし続けたのだ。世にいう、「アクティブシニア」の誕生である。ある企業は定年退職を延期し、ある企業はいったん退職した団塊の世代を非正規枠の中で会長職や監査役として迎合した。

さらに団塊の世代の定年が5年先にスライドした２０１２年に彼らが労働市場から完全に引退すると予測されていた「２０１２年問題」を過ぎてなお、こうした生産人口の構造的歪みは２０１６年の今現在、顕在化しているさまざまな問題に影を落とし続けている。

そもそも団塊の世代の多くは学生運動が盛んな時期に大学時代を迎えている。討論会、集会、抗議、デモ、座り込み、籠城……。度重なるストライキで彼らは授業どころではなかったはずだ。大学はそこにあっても、学ぶ環境ではなかった。彼らが就職試験を受ける際、一般企業は学生時代に政治活動を積極的に行っていたかどうかを重要項目として挙げていた。もちろん、会社という組織に表だって楯つくような人材は一般企業がおいそれと採用するわけはない。目立った活動をしていなかった「従順な」学生が重宝されたことは間違いない。そして、こうした同調圧力の中で、目立たず、みんなと歩調を合わせて現在の地位を築き上げてきたのである。大学のキャンパスで学びの機会を受け損なった彼らが一流企業に就職できたのは、就職難のいまでは考えられないことだが、「有名大学」という冠のおかげであり、この時の恩恵は「有名大学を卒業することは就職に有利だ」という刷り込みを自分達の子どもにも身を以て伝承することとなる。就職できるかどうかは大学名次第。だから団塊の世代は我が子を受験戦争に駆り立て、有名大学に進学させようと躍起であった。

メディアに携わる者として、こうした団塊の世代の功績と功罪は絶対に軽視できない。尊敬の念を持ってしかるべきだ、という気持ちを前提としながらも、彼らの最大の「功罪」を併せて指摘しないで終わるわけにはいかない。

団塊の世代が数の理論でマスメディアと二人三脚で歩んできた戦後日本の歴史は「男尊女卑」の歴史と置き換えてもいい。団塊世代の巨大なかたまりは常に「男性同士」の徒党であり、日本の社会は俺たちがつくるのだと、女性進出を妨げてきた「黒歴史」でもある。

団塊の世代の男達がわが世の春を満喫していたこの時代に、今年のＮＨＫ連続テレビ小説『あさが来た』のヒロイン、広岡浅子さんが存命だったら、さぞかしお怒りだったろう。

ドラマに登場するあさと長女の千代の関係が象徴するように「女に教育を与えたら、従順さを失って嫁にいけなくなる」という、今では信じられないような思い込みが、団塊の世代隆盛の時代にはまかり通っており、その価値観を疑わないおじさんたちは、残念ながら、まだまだご存命だということは憶えておいた方がいいだろう。ついでに補足すると、そんな「親父」と「夫に仕える専業主婦の母」の関係を当たり前の光景として見て育った息子達の多くが現在の日本の管理職を担う世代になってきていること。育児する男、イクメンが流行語になっても働くママ達が抱える悩みがなかなか解消されないことはこのことと切り離しては考えられない。

賢明な読者のみなさんが前時代の悪しき思い込みに毒されないように、私も長い間教鞭をとっている日本女子大学の創学発起人の「あさ」こと、広岡浅子さんの台詞を紹介しておこう。

「成沢先生（日本女子大学創設者（成瀬仁蔵氏））が心配言うてるのは、おなごがお家や旦那さんにしばられたまま、ひとりぼっちになることなんだす。外の世界もなんも知らん、かかわることがでけへんかったら、自然とほかの世界と切り離されてしまう。教育はそないなおなごの今を変えることができます」（NHK連続テレビ小説『あさが来た』より）

この言葉は単に教育の尊さを示すだけでなく、「賢い女は嫁に行けない」という刷り込みを鵜呑みにし、学問を身に付けず、男に従い、家庭に入って世間と隔離され、社会とつながりを失ったときの女性（おなご）への警告にも聞こえる。

もちろん、いまとなっては考え方は大きく変わっているだろうが、その当時は非常に封建主義的な時代の価値観に裏打ちされた団塊の世代の男達が「女性は家庭で良妻賢母であるべき」という共通認識を持った集団であったことは間違いない。まずは、それを認めるべきだろう。

仲間意識を確認するための麻雀もゴルフも無意味な宴会も「家庭は全て妻にお任せ」だから成りたっていた。もちろん、女性達の中には喜んで専業主婦という職業を受け容れていた人も少なくなかったろう。とはいえ、高度経済成長を牽引してきた男達（夫）を陰で底支えしてきた女性達（妻、そのほとんどが専業主婦であった）の行き場のない「ルサンチマン（憤り・非難）」は軽視され続けていた。

これまで表だって取り上げられなかった分、彼女たちのくすぶりは形を変えて確実に現在進行形で次世代へと連鎖していることを見逃すわけにはいかない。「団塊ジュニア」の動向と特徴を併せて考えるとき、「母親の影響」は子ども達に色濃く投影されるからだ。１９７１年（昭和46年）から１９７４年（昭和49年）生まれの彼らは今年、42歳から45歳。いまの管理職の中心の世代であろう。団塊ジュニア世代の出産適齢期は２０００年から２０１５年だと言われている。

実は政府はこの時期に第３次ベビーブームが起こることを期待していた向きがある。しかし、第３次ベビーブームなど起こらなかった。

子どもの自立を阻むパラサイト、晩婚が増え、少子化は加速する一方である。団塊ジュニア世代の女性の特徴として「キャリア志向が強いこと」が挙げられる。これを単純に親世代のアンチテーゼと結論することはできないが、「専業主婦」としての母親像はある意味において子世代の反面教師となってしまったことは否めない。

団塊の世代の妻達、団塊ジュニアにとっての母親の多くは「お母さんのようにならないで。女も手に職よ」と娘に自分の果たせなかった夢を託し、教育投資を惜しまない猛烈な教育ママになった。娘の幸せを望みながら一方で「墓守娘」として娘を手放すまいと「友達のように子飼いする「重い母親」たち。その母親の願いを叶えるべく、「優等生」を演じ続けてきた団塊ジュニアたち。彼らは親たちの好景気とは真逆の「就職氷河期」に就職し、親の期待感を一身に背負いながらも、世の中の厳しさには勝てず、結果、親を裏切り続ける「貧乏くじ世代」とまで言われているのだ。幼い頃から親に期待をかけられながら、「応えられない」世相を生きることで無言のダブルバインドを受け続けてきた団塊ジュニア。親から受けた愛情が歪んだ形で子世代のトラウマとなっていったことは否定できない。

こうした後遺症をカミングアウトし、親との決別を誓う類の告発本の出版が２０１２年から２０１４年にかけてブームになったことは記憶に新しい。「母が重い」「母がしんどい」という娘サイドからの告白は心理的母殺しとしては有効であり、当事者である同世代の女性達の共感を呼び、特集を組んだ女性誌が少なくなかった。さらに団塊の世代の男達を支えてきた「妻達」のルサンチマンが別の形で噴出したのが、「熟年離婚」だろう。団塊の世代が定年を迎え、ビジネスから退いた時に、妻自ら三行半をつきつける事例が後を絶たなかった現実を考えると、根深い社会問題だといえる。

さらに、すべてが会社の経費、「領収書」で済んできた団塊の世代の箪笥貯金は世界の金融機関が注目する莫大な資産である。崩壊がささやかれる年金制度の恩恵にもあずかっており、その眠れる資産は計り知れない。夫の存在を早くから「ATM＝お金を運んでくるだけの同居人」と割り切り、夫の稼ぎで消費を楽しむ次の世代（リーダーシップ・ターゲット）の妻達と団塊の世代の妻達は日本の消費活動を底支えする重要なキーパーソンであることも広告に携わる者なら忘れてはならない。定年後の夫を「払っても払ってもまとわりついてくる濡れ落ち葉」と揶揄し、笑い飛ばしながらも、夫の稼いだお金で気の置けない女友達と海外旅行を楽しみ、最近ではゴルフ場や冬のゲレンデに集まるのも流行らしい。子世代はおろか、孫世代の強力なスポンサーとして君臨し続ける恐るべき存在である。

アクティブシニア狙いの豪華客船による世界旅行をはじめ、高額商品の売り上げを支える、お得意様としていまなお存在感を示し続けているのだ。

メディアの役割は「世代」という集団の心理的揺り戻しに大きく左右される。団塊の世代に続く次の時代を牽引したリーダーシップ・ターゲットはまさに、マスメディアへのアンチテーゼから生まれたターゲットメディアの申し子として台頭していくことは偶然ではない。

こうした小さな変革の揺れ、世代間の軋みをきちんとつかまえることの重要性を伝え続けていくこともまた、メディアの重要な使命だと感じている。最後にもう一度〝団塊の世代〟の価値観に対する警鐘としてこの言葉で締めくくりたい。

「みんなが笑って暮らせる世の中をつくるには、女性のね、やらかい力が大切なんです」

（ＮＨＫ 連続テレビ小説『あさが来た』より）

リーダーシップ・ターゲットとターゲットメディアとしての雑誌

団塊の世代の次の時代を先頭となり、リードしたのが1955年（昭和30年）生まれの人々だ。私は彼らをリーダーシップ・ターゲットと命名した。彼らは多数の人間をまとめて引っ張っていく先導役のLeaderであり、同時に雑誌というターゲットメディアを成熟させた立役者の意味を込めたReaderである。彼らは団塊の世代とは著しく異なる世界観を持って生きている。世代とは面白いもので、前の世代とは異なる新しい思想を持った新しい世代が、次に生まれる傾向にあるようだ（連続するふたつの世代は反目しあうが、ひと世代飛び越えると親近感を抱くこともあるようだ。団塊の世代とバブル世代は案外相性がよかったりする）。そういう新陳代謝を繰り返しながら次世代へと連なっていく。

リーダーシップ・ターゲットが体験したライフイベントを辿ってみよう（図9）。

図９　リーダーシップ・ターゲットのライフイベント

年代	社会・文化・流行／おもなメディア史	リーダーシップ・ターゲット世代の年齢	
1964（昭和 39 年）	東京夏季オリンピック	９歳	
1969（昭和 44 年）	ラジオ深夜番組「セイ！ヤング」 パルコ１号店（東京池袋）	14 歳	
1970（昭和 45 年）	大阪万博	15 歳	
1972（昭和 47 年）	札幌冬季オリンピック	17 歳	カラーグラビア化
1975（昭和 50 年）	ニュートラブーム	20 歳	
1976（昭和 51 年）	東急ハンズ１号店（神奈川藤沢）	21 歳	
1978（昭和 53 年）	ハマトラブーム、ディスコブーム	23 歳	
1979（昭和 54 年）	スペースインベーダーゲーム流行 ソニー「ウォークマン」発売 SHIBUYA109 オープン	24 歳	
1980（昭和 55 年）	モスクワ夏季オリンピックに日本不参加	25 歳	
1982（昭和 57 年）	DC ブランドブーム	27 歳	
1985（昭和 60 年）	NTT「ショルダーホン」発売	30 歳	
1986（昭和 61 年）	グルメブーム	31 歳	
1987（昭和 62 年）	「携帯電話」という名称が誕生	32 歳	
1988（昭和 63 年）	東京ドームオープン	33 歳	
1989（平成元年）	渋カジブーム	34 歳	
1993（平成５年）	サッカーＪリーグ開幕	38 歳	

リーダーシップ・ターゲット世代は集団より個人を、同化よりも異化を、「みんな」よりも「私」を、チームワークよりも個人の力を求める傾向がある。ターゲットメディアである雑誌は当然、「私」「個人」という意識の強い彼らを恰好のターゲットとした。雑誌というメディアの担い手は、団塊の世代およびそれ以前の旧世代とは違う価値観で生きようとする人たちだった。活版印刷やモノクロ写真という団塊の世代に馴染みの深い形態は、生まれた時からカラーテレビが当たり前のリーダーシップ・ターゲット世代には古臭く映った。彼らの感度が求めたのは当然、オールカラーでカラフルな誌面。雑誌との親和性が高いことも頷けるだろう。雑誌というメディアは彼らの成長に合わせて次々と新しいライフスタイルを提案し続けることで読者を獲得し、メディアとして発展してきたのだ。

さらに、ターゲットメディアとしての雑誌の発展に大きな影響を与えた大事な出来事を忘れる訳にはいかない。１９８６年に施行された男女雇用機会均等法である。

これまで男性のアシスタント職でしかなかった女性に総合職の選択肢が初めて与えられた年である。先に挙げた、長く続いた「男尊女卑」の時代の価値観にノーを唱え、その後の社会の流れを変える分岐点であったことは間違いない。

戦後70年の２０１５年。政府の掲げた「女性の活躍支援」をめぐって、さまざまな問題が顕在化したが、根っこの部分では団塊の世代の誤った価値観の歪みが崩壊し、腐り果てた後の、「膿だし」のように見えなくもない。

ここで女性誌から振り返る、男女雇用機会均等法ビフォアー&アフターを簡単にお伝えしておきたい。雑誌という文化が大きく広がったきっかけのひとつであったことは間違いないからだ。男女雇用機会均等法はゆるやかではあるが、「働く女性」に対する意識を変えた。「良妻賢母」もいいけれど、良妻賢母に固執しない別の生き方、別の女の幸せだってあるだろうという意識改革は、多くの女性のライフスタイルだけでなく、働き方の選択肢、生き方の多様性を促した。施行後すぐに方々に際立った影響があったわけではない。企業側も雇用形態の適応に戸惑いがあったのは確かだ。社内制度の整備にも思いのほか時間がかかったことを憶えている。

当時、「アンノン族」という流行語まで生んだ『an・an』、『non-no』の創刊時、リーダーシップ・ターゲットは15～16歳。親からもらうお小遣いの中でファッション、旅、メイク、インテリア、占いなど1冊に幅広く情報を盛り込んだマルチインフォメーション誌『non-no』と常に独自の切り口で特集を繰り返す、月2回刊行の『an・an』は読者の嗜好こそ違えど、1冊で十分に楽しめるお得感満載の娯楽であった。

モノクロ（活版）だった『女性自身』をカラーグラビアの世界観に転換し創刊されたのが『JJ』だ。前身となる〝女性自身〟の頭文字が雑誌名となった。

この時、リーダーシップ・ターゲットは20歳。一般的には社会人か大学生だが、当時はまだ大学に進学する女性は少なく、短大か専門学校に進学するケースが多かった。『JJ』がメインターゲットに選んだのはまさに女子短大生。しかも、フェリス女学院短期大学（横浜）と甲南女子大学短期大学部（神戸）という2大都市の箱入り娘。神戸発ニュートラ、横浜発ハマトラという2大お嬢様ファッションブームはこの『JJ』が発信基地であり、これが当たった。とくにニュートラはグッチやセリーヌなどの「海外ブランドバッグを手に持つのがポイントで、これがのちに起こる80年代高級ブランドブームの火付け役でもあったのだ。

ターゲットである彼女たちの結婚願望にぴしゃりとはまったのが１９７７年創刊『MORE』である。

図10 リーダーシップ・ターゲットはカラーグラビア世代でアンチ団塊世代

年	出来事	リーダーシップ・ターゲット世代の年齢
1964（昭和39年）	東京夏季オリンピック開催 東海道新幹線開通	9歳
1970（昭和45年）	大阪万博 an・an（平凡出版→マガジンハウス）創刊	15歳
1971（昭和46年）	non-no（集英社）創刊 → アンノン族	16歳
1972（昭和47年）	札幌冬季オリンピック開催 ぴあ（ぴあ）創刊	17歳
1975（昭和50年）	JJ（光文社）創刊	20歳
1976（昭和51年）	POPEYE（平凡出版→マガジンハウス）創刊	21歳
1977（昭和52年）	MORE（集英社）創刊	22歳
1980（昭和55年）	Sports Graphic Number（文藝春秋）創刊 BRUTUS（マガジンハウス）創刊 25ans（婦人画報社→ハースト婦人画報社）創刊	25歳
1983（昭和58年）	LEE（集英社）創刊	28歳
1984（昭和59年）	CLASSY.（光文社）創刊	29歳
1985（昭和60）	オレンジページ（アシーネ→オレンジページ）創刊	30歳
1986（昭和61年）	Tarzan（マガジンハウス）創刊	31歳
2001（平成13年）	LEON（主婦と生活社）創刊	46歳
2006（平成13年）	OCEANS（ILM）創刊	51歳

この頃は短大卒業後、腰掛けで就職し、2〜3年で寿退社することが女の幸せと考えられていたので、その願いを見事に捉えた人気雑誌となった。

そして、彼女たちが25歳の1980年。フランス語で25歳を意味する『25ans(ヴァンサンカン)』創刊。高級ブランドの洗礼を受けた読者にとって海外メゾンの高級ファッションは日常からかけ離れた贅沢ではなく、すんなりと受け入れられるモノとして支持された。

続く1985年、リーダーシップ・ターゲットが30歳という節目で生まれたのが『オレンジページ』。この雑誌の出現が浮き彫りにしたのは「家にいる私」と「働く私」の棲み分けだった。まったく異なる世界観を持って雑誌の個性は二極化していった。

「丁寧な暮らし」をモットーにする「家にいる私」をターゲットとする雑誌の代表は『クロワッサン』、『LEE』であり、「働く私」を意識しつつも結婚願望を煽る世界観が繰り広げられる『MORE』『CLASSY.』などが特徴的だった。

リーダーシップ・ターゲットは女性達だけのものなのかというと、答えは「No」だ。

男性達にも存在した。ただし一時期、団塊の世代に飲み込まれ、また2001年以降に復活した。その流れを簡単にみてみよう。

１９５５年生まれのリーダーシップ・ターゲットの男性達が21歳になった時に『POPEYE』が創刊され、25歳の時に『BRUTUS』、31歳の時に『Tarzan』、と次々にリーダーシップ・ターゲット向けのライフスタイル誌が誕生していった。しかし、団塊の世代が雑誌創刊ブームに乗ると雑誌の世界も『DIME』、『日経TRENDY』を中心にマス化、「みんな」化が起こった。その影響で団塊の世代が管理職の中核にいる間は、目立ったリーダーシップ・ターゲット向け雑誌は生まれなかった。それを打ち破ったのが２００１年、リーダーシップ・ターゲットが46歳に達した時だ。

それが『LEON』。「ちょい不良（ワル）オヤジ」をキーワードに今日においてもその力を維持している。その後生まれた『OCEANS』を含めて、まさにリーダーシップ・ターゲット男性誌のラインナップが生まれた（図10）。話を戻そう。

リーダーシップ・ターゲット向けの女性誌に対して、男女雇用機会均等法以後に刊行された女性誌は、職場でいきいきと働く女性の世界観を強力に打ち出し始めた（次頁図11）。

図 11　男女雇用機会均等法以後に創刊された主な女性誌の系譜図

1986（昭和 61 年）	男女雇用機会均等法 施行
1989（昭和 64 年）	SPUR（集英社）創刊 CREA（文藝春秋社）創刊
1990（平成 2 年）	FIGARO japon（TBS ブリタニカ）創刊
1991（昭和 3 年）	FRaU（講談社）創刊
1992（昭和 4 年）	育児休業法 施行 Oggi（小学館）創刊
1995（平成 7 年）	LaVie du 30ans（婦人画報社）創刊
1996（平成 8 年）	スターバックスコーヒー 1 号店（東京銀座） Domani（小学館）創刊 Grazia（講談社）創刊 SPRiNG（宝島社）創刊
1997（平成 9 年）	GINZA（マガジンハウス）創刊
1998（平成 10 年）	メイプル（集英社）創刊
1999（平成 11 年）	改正男女雇用機会均等法 施行
2000（平成 12 年）	mini（宝島社）創刊
2001（平成 13 年）	BAILA（集英社）創刊
2003（平成 15 年）	InRed (宝島社) 創刊
2004（平成 16 年）	Precious（小学館）創刊

『SPUR』（1989年、集英社）、『CREA』（1989年、文藝春秋）、『FRaU』（1991年、講談社）、『Oggi』（1992年、小学館）、『LaVie du 30ans』（1995年、婦人画報社）、『Domani』（1996年、小学館）、『Grazia』（1996年、講談社）、『SPRiNG』（1996年、宝島社）、『GINZA』（1997年、マガジンハウス）、『メイプル』（1998年、集英社）、『BAILA』（2001年、集英社）、『Precious』（2004年、小学館）……。

働く女性達の可処分所得は所帯を持つ男性に比べ、高い傾向にあった。稼ぎを得た女性達はさらに自分に磨きをかけるために、ファッションやコスメ、エステにといそしみ、「自分へのご褒美」と称し、戦利品としての高級ジュエリーや時計に惜しみなく投資した。いまの20代には考えられないかもしれないが、そんな時代があったのだ。

当然、高級メゾンをはじめ、ラグジュアリーブランドと女性誌の相性は良く、両者の蜜月は案外長く続いたのだ。

当時の顔ぶれを振り返ってみると、かつての「男に選ばれる私」ではなく、「私らしく、選ぶ私へ」と時代の推移とともに変容を遂げてきた女性誌のバリエーションに改めて感心してしまう。

「美しくありたい」「若くありたい」「文化に触れていたい」という3大欲求を満たすため、ビューティ&ファッション、エイジングケア、カルチャーという3本柱をベースに、食文化、映画、ペット、占い、音楽、アート、旅行、など彼女たちの知的好奇心を満たすための情報だけでなく、職場の戦闘服としてのファッションに必要な高級腕時計やジュエリー、コスメに至るまで。多様化する読者のライフスタイルのニーズに合わせ、女性誌は日々、進化を続けてきたのだ。

目の前の読者の変化に敏感になること。この当たり前のことを「ドクチョウと呼ばれる読者調査」としていまでもこまめに続けているのが光文社だ。読者達の生の声に実際に会って耳を傾け、リアルな声を拾う。それはJJ時代からCLASSY.→VERY→STORY→Mart→HERSへと受け継がれてきた同社のDNAであり、最大の「強み」だと言い換えることができるだろう。シロガネーゼという流行語を生みだしたVERYはかつてこそ、セレブな専業主婦の雑誌であった。だが、もはや読者の過半数は働くママであり、高級ブランドだけでなく、ユニクロ、ZARA、H&Mなどのファストファションも独自のセンスでアレンジし、「スーパーで浮かないファッション」として自分のスタイルに取り込んでしまう柔軟性があり、時には憲法改正や待機児童問題など社会問題についても積極的に斬り込み、決して「ママ雑誌」などと一括りでは片付けられない複雑かつ多層性を放っている。このターゲットの変化こそ、日々の読者調査の賜物に他ならない。

メディアとしての成長と発展。雑誌というメディアが持つパワーとポテンシャルについては2006年刊の『ターゲット・メディア主義～雑誌礼讃～』という本に余すところなく記したので、そちらをお読みいただきたいが、最後に情報0円時代の情報価値について少し触れておきたい。

テレビの急速な普及により報道が0円になったように、インターネットやモバイルの台頭により情報は0円になった。情報0円メディアといわれるフリーペーパーの隆盛もあり、有料雑誌はもはや瀕死状態とみる向きもある。そうだろうか。私はそうは思わない。確かにインターネットとモバイルで情報は0円で手に入る。ウェブサイトだけでなく、個人発信のブログにも情報は溢れており、有史以来最も活字中毒者が多いのがいまの時代なのではないかと思うほどだ。たくさんの人が情報や活字に触れる機会が増えれば増えるほど、人々は情報に敏感になる。

情報価値を追求する動きは先祖がえりのように反動として現れる。単に無料か有料かという基準だけでメディアの価値を判断しない。そんな目の肥えた生活者は確実に増えている。コンテンツの質をキチンと見極めたうえで、「お金を払ってでも喜んで買いたい」という賢い取捨選択をしているのだ。

リーダーシップ・ターゲットは個人のライフスタイルを細分化して突き詰めることで新しい流行を生み出してきた。「私」という個人にとっての最強のターゲットメディアであった雑誌はいまその座をウェブとモバイルに譲ったかのように見える。だが、状況は少し違った。ウェブの世界における「匿名性」は「個」に偏りすぎるという若干の弊害を伴っておりインターネット上で「Ｄｉｓる」という言葉に示されるように誹謗中傷、批難、クレーム、炎上等の過激なコミュニケーションも加速度的に増やす原因となってしまった。この反省を踏まえ、ひとつの「揺り戻し」が起きているのだ。それが「私たちの時代」である。先に挙げたエンターテインメントやライブ会場での体験回帰にも通じるものを感じるが、ターゲットメディアの力を駆使することで、趣味嗜好の合うグループ、いわゆるコミュニティが次々に生まれているのだ。購読している雑誌が同じであるという安心感や親近感は「顔見知り」以前の結束感を生む力になっているのだ。雑誌とウェブは「個」を束ねたチームであり、ターゲットメディアという恰好のマーケットを生み出す肥沃な土壌として共栄の時代に入ったと私は見ている。「個」と「ターゲット」が融合するコミュニティにおける親近感はアンチアドバタイジング時代の重要なキーワードである。

また自分の車を所有することに興味を示さず、他人と共有でいいという感覚やシェアハウスや配車サービス「UBER（ウーバー）」などに代表される「シェアリングエコノミー」の台頭はこうしたほどほどでよいという抑制的な消費文化の表れであり、これからの「個としてのライフスタイル」を考えるときに見逃せない兆候だ。

工業デザイナーの深澤直人氏がiPhoneの普及は1990年には流行らなかったミニマリズムが支配的になってきたことを示していると分析していた。

「要素を削ぎ落とし素でいくデザイン」は「新しい時代に質の高い洗練された暮し」「ほどほどを美徳とする抑制的な生活様式」「これでいいと思えるモノを持てば生活の安心感が担保できる」消費文化の変化を映し出しているというものだ。「集合的無意識」ではないが他人が所有する家や車を手軽に借りられるシェアエコノミーを格好いいと思う世代がiPhoneのシンプルなデザインを支持したという訳だ。(＊5：p260)

「みんな」→「私」→「私たち」へ。この現象はウェブの世界だけでなく、雑誌という地続きのフィールドでも顕著である。月単体で広告収入5億円超えを記録し、現在女性誌No・1の売り上げを誇るVERYの誌面に「チームVERY」「私たち」という言葉が頻繁に登場することは、決して無関係ではないはずだ。かつての同調圧力とはまた違う、こうした「みんな」の概念は新たなメディアを読み解くヒントになることは間違いない。

第1部

第4章

グローバル&ローカル視点で考える、「新4媒体創生」

図 12　2015 年の日本の広告費一覧

媒体＼広告費	広告費（億円）			前年比（%）		構成比（%）		
	2013年（平成25年）	2014年（平成26年）	2015年（平成27年）	2014年（平成26年）	2015年（平成27年）	2013年（平成25年）	2014年（平成26年）	2015年（平成27年）
総広告費	59,762	61,522	61,710	102.9	100.3	100.0	100.0	100.0
マスコミ4媒体広告費	28,935	29,393	28,699	101.6	97.6	48.4	47.8	46.5
新聞	6,170	6,057	5,679	98.2	93.8	10.3	9.8	9.2
雑誌	2,499	2,500	2,443	100.0	97.7	4.2	4.1	4.0
ラジオ	1,243	1,272	1,254	102.3	98.6	2.1	2.1	2.0
テレビ	19,023	19,564	19,323	102.8	98.8	31.8	31.8	31.3
地上波テレビ	17,913	18,347	18,088	102.4	98.6	30.0	29.8	29.3
衛星メディア関連	1,110	1,217	1,235	109.6	101.5	1.8	2.0	2.0
インターネット広告費	9,381	10,519	11,594	112.1	110.2	15.7	17.1	18.8
媒体費	7,203	8,245	9,194	114.5	111.5	12.1	13.4	14.9
広告制作費	2,178	2,274	2,400	104.4	105.5	3.6	3.7	3.9
プロモーションメディア広告費	21,446	21,610	21,417	100.8	99.1	35.9	35.1	34.7
屋外	3,071	3,171	3,188	103.3	100.5	5.1	5.1	5.2
交通	2,004	2,054	2,044	102.5	99.5	3.4	3.3	3.3
POP	1,953	1,965	1,970	100.6	100.3	3.3	3.2	3.2
展示・映像ほか	2,680	2,844	3,062	106.1	107.7	4.5	4.6	5.0
小計	9,708	10,034	10,264	103.4	102.3	16.2	16.3	16.6
折込	5,103	4,920	4,687	96.4	95.3	8.5	8.0	7.6
DM	3,893	3,923	3,829	100.8	97.6	6.5	6.4	6.2
ﾌﾘｰﾍﾟｰﾊﾟｰ・ﾌﾘｰﾏｶﾞｼﾞﾝ	2,289	2,316	2,303	101.2	99.4	3.8	3.8	3.7
電話帳	453	417	334	92.1	80.1	0.8	0.7	0.5
小計	11,738	11,576	11,153	98.6	96.3	19.6	18.8	18.1

※プロモーションメディア広告費を一部 OOH メディアに分類

これまでの「4媒体」とこれからの「4媒体」

右の図は先頃、電通が発表した「2015年の日本の広告費(一覧」より、媒体別広告費を示すものである。景気が足踏み状態とはいえ、2015年(1~12月)の日本の総広告費は6兆1710億円、前年比100・3%、4年連続で前年比実績を上回るものとなった。

その内訳は

●テレビメディア広告費：1兆9323億円(前年比98・8%)▼
●新聞広告費：5679億円(前年比93・8%)▼
●雑誌広告費：2443億円(前年比97・7%)▼
●ラジオ広告費：1254億円(前年比98・6%)▼
●インターネット広告費：1兆1594億円(前年比110・2%)△
●プロモーションメディア広告費
・屋外・交通・POP・展示・映像ほか：1兆264億円(前年比102・3%)△
・折込・DM・フリーペーパー・フリーマガジン・電話帳：1兆1153億円(前年比96・3%)▼

いわゆるマス4媒体が軒並み対前年比割れをしているのに対し、インターネット広告費が二桁成長している。とりわけ、スマートフォン、動画、新しいアドテクノロジーを利用した広告が堅調に伸長し、全体を牽引しているのだ。プロモーションメディア広告費は対前年割れしているものの、本書においてOOHメディアと位置付けている屋外広告、交通、POP、展示、映像の数字は102・3％と成長している。また、商業施設メディアは冬の風物詩であるクリスマスイルミネーション以外にも、年間を通じて各種施設イベントで出稿がみられたという。この数字は「これからの広告」に寄せる私の直感にすべて合致した。

ここで少し、「マスコミ4媒体」について言及したい。ウェブとモバイルがこれほどまでに普及したいま、この「マスコミ4媒体」という言葉に大きな違和感を覚えるのは私だけだろうか。図12の「日本の広告費一覧」では、テレビ、新聞、雑誌、ラジオをいまだに「マスコミ4媒体」と総称している。しかしインターネット広告の台頭後、全国に届く到達率と全国に届くスピードという観点から捉えるなら、マスメディアと呼べるのはテレビと新聞の2媒体のみであり、雑誌とラジオに関しては前述のようにターゲットメディアと定義しなおすのが順当だろう。

現在のメディアが置かれている環境（インターネットの普及により広告主と生活者が「0円

図13　メディアの情報伝達スピードとリーチ

媒体			スピード順位	リーチ率順位
マスメディア	テレビ	地上波	1	1
	新聞	朝刊・夕刊	3	2
ターゲットメディア	ラジオ	電波	1	＊
	雑誌		＊	3 （但しターゲットリーチ）

でつながる」ことが当たり前となったこと）について、私は前章まで、つらつらと述べてきたが、本書で最も伝えたいことは**「新しい４媒体の創生」**という「仮説」である。それは、**これからの主要メディア、つまり新たなマスとなるのは間違いなくウェブとモバイル、ＯＯＨメディア、エンターテインメント＆スポーツ・カルチャーの新４媒体だ**、ということだ。

だが、それは長い間「マス４媒体」と呼ばれてきたテレビ、新聞、ラジオ、雑誌の存在価値を決して否定するものではない。広告が新たな局面を迎えているいまこそ、**８つの媒体**の役割や定義を再構築する必然性を問いたいのだ。

結論から先に述べると、**ウィンドウズやアップルによってウェブサイトは最大のメディアになるという考え方に**

より、テレビは今後ますますウェブに導入されていくだろうし、新聞はNEWSPICKSやグノシー、アンテナのようにアプリケーションとしてグローバルメディアであるモバイルに包摂されていきながら、編集・報道した内容を最後までソリューションしていく責任を持った新たな形を創り出していくのではないか。さらにウェブとモバイルが外政メディアとして活用される一方で地方新聞社、ローカルテレビ局や雑誌、ＯＯＨメディアは内政メディア、いわゆる地方創生つまりはインバウンドとして活用されていく、コンテンツ新時代の中でライブプロモーションは今後一層面白くなるに違いない。ＨＤＤ録画してもその魅力は半減しないので、テレビやラジオがニュース報道を基軸にライブ中継と連動していくようになる、と私は考えている（図14）。

私の仮説は、数字から導き出されたもので、単なる机上の空論ではない。常にこれからの広告のあり方を模索し、現場でトライ＆エラーを繰り返しながら得た実証だ。これまでのやり方に固執することなく、既存の固定概念を破壊していく勇気をもつ者だけが新しいメディアの創造者になれる、と私は信じている。

その意味で、２０２０年の東京オリンピック・パラリンピック誘致に関わる「インバウンド」

図 14　メディアの概念シフト図

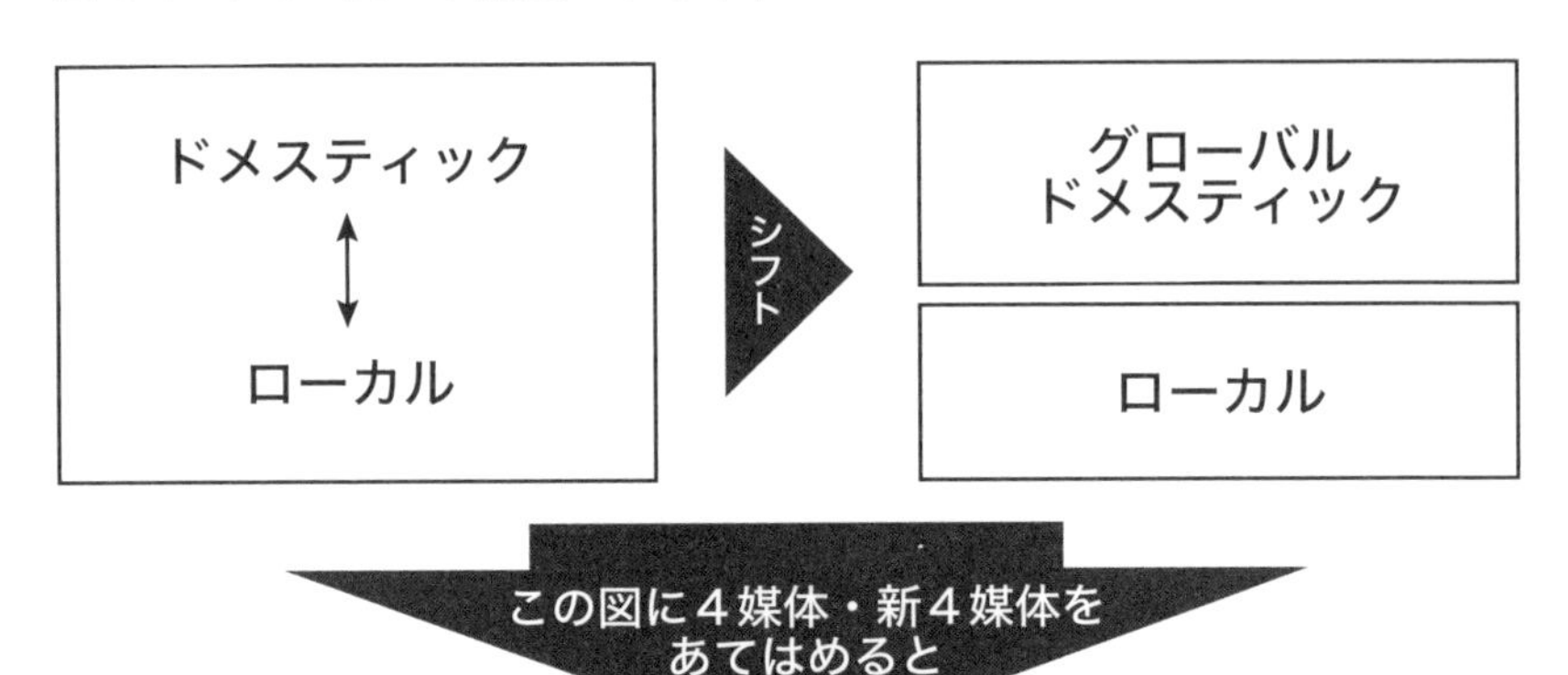

新４媒体はグローバル＆ローカルにシフトして協調路線に

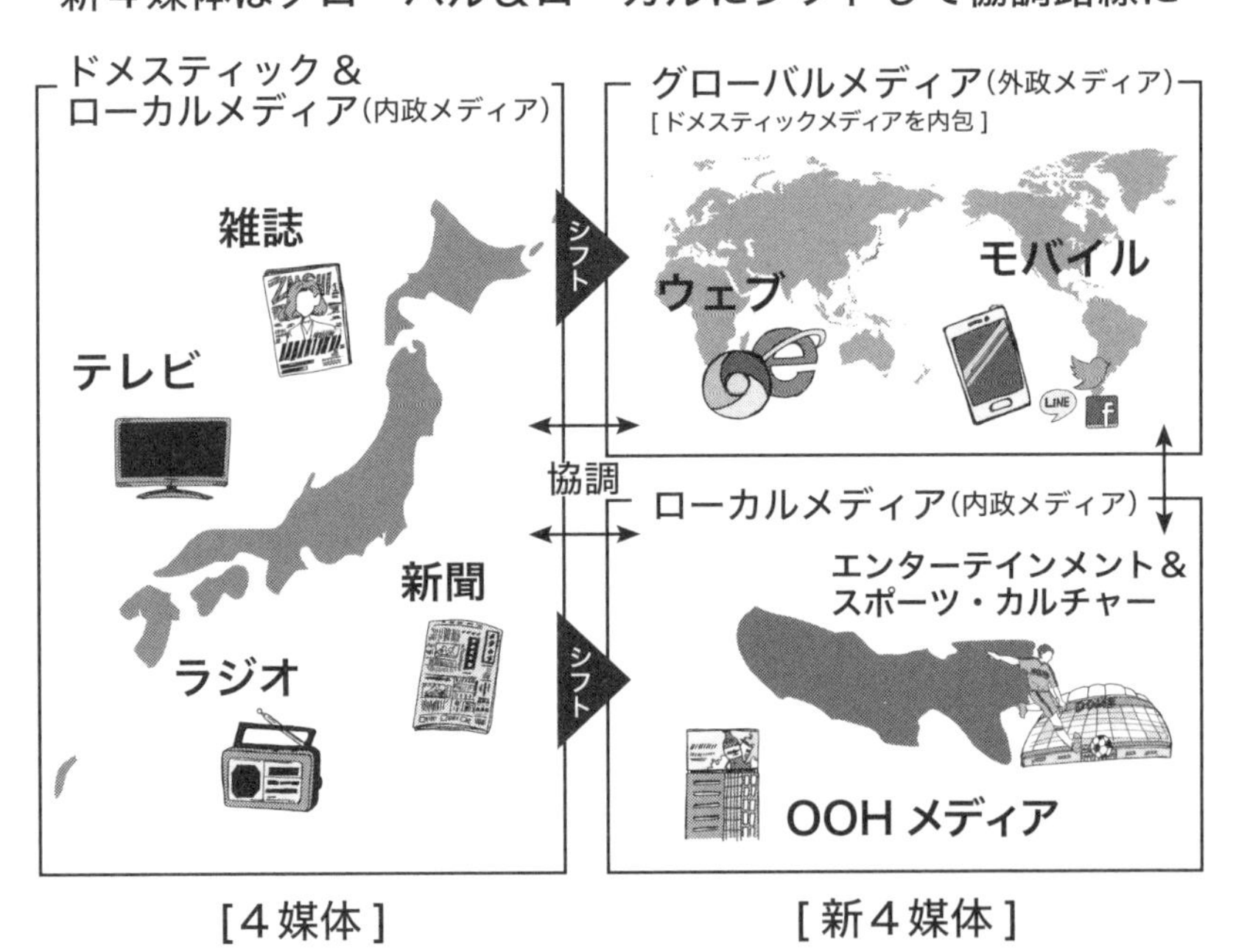

は我々アドマンにとって大きなチャンスといえる。３０００万人以上の外国人（２０１６年３月時点、４０００万人台に上方修正予定）をどう日本に誘致するか。

総務省の発表によれば、日本の人口は２０１５年10月1日時点で約1億２７１０万人であり、これは5年前と比べると０・７％（約94万７０００人）の減少となる。１９２０年からはじまった国勢調査はこれまでずっと人口増を記録していたが、ついに人口減となったわけだ。

労働人口の減少や少子高齢化を解決するために政府は「移民の受け入れ」を主張しているが、メディアのありかたひとつとってもこれほどまでにドメスティックな姿勢を続けてきた以上、受け入れ態勢の完備は容易ではないことが想像できる。２０２０年の東京オリンピック・パラリンピック開催に向けて訪日観光客の誘致（インバウンド）を模索することは人口減のこの国の将来を考えることにもつながる。

この命題を考え抜くことは、われわれに**我が国がこれまで「当たり前」だと言ってきた、ドメスティックとローカルの観点をグローバル視点で捉え直すチャンスを与えてくれるからだ。**

それはいいかえれば、ドメスティックとローカル視点のみで情報を発信し続けてきた旧マスメディアの態度そのものを問いただす、恰好の機会となるに違いない。

□「日本だけで通用する」ものが「世界では通用しない」ことを思い知ること。

□「クールジャパン」を自ら名乗る人を信用せず、外国人から「COOL JAPAN」と呼ばれることを考えること。

□「おもてなし」の違和感を突き詰めて考え抜くこと。

□なぜ「ガラパゴス化」しているのかを理解すること。 etc.

私たちは、まずそこから始めるべきだろう。少し厳しい指摘もするかもしれないが、これからの広告に関する私論を展開していきたい。

新聞・雑誌・テレビ・ラジオが抱える問題とこれから

【新聞（中央紙、地方紙）】

若者の新聞離れが進み、購読部数が激減している新聞。年間を通じて前年を下回るばかりでなく、その減少傾向は緩やかに慢性的に長期化している。新聞の宅配を優遇税制の対象として主張する新聞社の態度にも驚いたが、何年か前に朝日新聞が自社広告で「ジャーナリスト宣言」を謳った時は、いまさら何を言うのか、と悪い笑い話に思えたほどだ。「あなた達、これまで何をしてきたんですか？」と。

新聞の部数落ち込みの原因を記事の内容の低下に求める。解決すべき課題は常にジャーナリズムの原点にかえって記事内容を磨け、というべき論がとかく展開されるようだ。

人々がこぞって買い求めたくなるような面白い記事を用意する。確かにそうだろう。だが、それだけで、部数は持ち直せるのか。なにせ、スマホで撮影した素人のスクープが新聞の一面を飾るこのご時世に、エース記者の強化だけでは部数の劇的向上は難しそうだ。

そこで視点を変えてみる。たとえば、新聞の「置きどころ」を考えればヒントは見つかるのではないだろうか。私は新聞の未来は明るいと思っている。

直近では、かつてジャーナリスト宣言をした朝日新聞が「ソリューション・ジャーナリズム」を標榜し、その具現化に取り組む組織変更を発表したが、〝ソリューション〟という響きは、とても心地良い。それも、新聞社が語るとなおさらだ。その意味を〝解決するまでの責任〟ととるならば、ジャーナリズムが編集、広報、ＰＲしたものを言い放しにしない。最後までやり切ることを応援するという姿勢は、新聞社の将来の可能性と中央紙ならではの力強さを感じる。読売新聞社も官民を含めた社会テーマ活動（健康、エネルギー、etc.）に力を注ぐと聞く。

毎日新聞においては教育、日経新聞においては経済、というように地方紙をリードしてきた中央紙は今後、より一層「他紙」との差別化を求められることになるだろう。テレビ局と連動して海外に向けた映像制作を強化する取り組みがスタートするとなれば、どこよりも強いアジェンダが必要になってくる。ウェブ・モバイルの台頭が、ようやく中央紙に火をつけた感がある。ジャーナリズム魂をソリューションまで引っ張ってくれるなら、日本は大きく変革しそうだ。

中央紙の責任は重いが、これは中央紙にしかできない事でもある。それに加えて新聞の強みは何といっても日本全国47都道府県に点在する地方拠点（地方新聞社）だろう。全国1万８０００店に張り巡らされた新聞販売網。これこそ、ストロングポイントではないのか。イギリスがオリンピック開催地に決定した際、英国政府は各都市に文化事業を作るよう要請した。だが、日本にはすでにあるのだ。思い出して欲しい。四季折々、年間行事に合わせた文化事業の協賛社として必ずスポンサーになってきた中央新聞社・地方新聞社は、ツーリズムを声高に叫ばずとも産業創造を行ってきたのだ。多くのスポーツ団体をも有している。新しい市場づくりに適した土壌はすでに用意されているのだ。

このネットワークというインフラを「強み」と捉え直し、新聞社が掛け値なしでよいと思える地場のコト、モノ、人をウェブサイト上でまず、ローカルから世界に発信する。こうした戦略広報としての原点に返り、**広報をビジネスモデル化**することでサバイブの道はいくらでも考えられそうだ。いわば、地元発信型の「地域ブランディング」である。

広告は「出す」時代から「置く」時代へ。このセオリーに沿って考えれば出来ることはいろいろある。

たとえば、「地域のよさ」というコンテンツを知る地方紙が主体となり、全国の新聞社による「プラットフォーム」をつくる。海外の人へ向けたマークやテキスタイル、模様など要は言語の障壁を取り除くノンバーバルコンテンツを視野にいれた映像をウェブサイトに設置する。

実際、日本中のネットワークを活かして47クラブと称して、新聞社自ら目利きとなって各地の自慢の品々を紹介し、ＥＣサイトで販売する取り組みなどはすでに行われているようだ。

これには、お手本がある。日本中に巡らせたネットワークを十分に活用し、ユーザーフレンドリーで素晴らしいウェブサイト、オウンドメディアを作っている、ＡＮＡやＪＡＬのような航空会社である。両者のＨＰ（マザーシップ）を訪問して、ぜひ学んで欲しい。

さらに、九州7社が未来アワードと称して地場の産業を奨励するだけでなく、地元の金融機関と共同して将来有望な中小企業を地元で育成しようという、『下町ロケット』を地で行く取り組みもあるという。聞けば、仕掛け人は広告会社。このように有機的な「つながり」を広告会社がプロデュースする試みがすでにはじまっているのだ。こういう事例を聞くと、クライアントにただ「広告を出稿してください」「この新聞社に広告を出しているなら、ぜひうちにも」と新聞社の広告部とアドマンがお願いする時代が本当に終ったことを痛感する。

ところで、47都道府県のこうした情報を発信するプラットフォーム上で、各県のフォーマットが皆バラバラなのでは世界に何も発信していないに等しい。言語の問題もあるが、それ以前に情報そのものがどうすればグローバルに機能するか、という視点のほうが重要だ。

「たとえば、どうしたら福井県に世界の人を連れてくることができるか」

それは同時に東京や大阪の人を福井県にもっと誘致すること、国内の観光客を増やすことにも結びつく。世界視点でみると、東京だって大阪だって、言ってしまえば東京ローカル、大阪ローカルなのである。

新聞という紙の形態にとらわれず、インターネットやモバイルを駆使して人と人がつながることができる環境を整備することは可能だし、出来ることは無限大にあるということだ。

新聞は報道としての情報を伝えるだけの役割を超えて、生活者と広告主をつなぐために、これからもっと高度な「関係性」が求められていくだろう。そしてそれを「ソリューション」と呼ぶのかもしれない。新聞は記者たちがジャーナリズム魂を磨くことももちろん大切ではあるが、それ以前に「流通システム」の問題に焦点を当て、47カ所に張り巡らされたネットワークの強みを再構築することで見えてくることは少なくないはずだ。
私は日本の経済政策、社会問題の解決とインバウンド施策の成功は中央新聞社、地方新聞社の発想の上にあると断言してもいい。今日現在、そんな仮説を立てているくらいだ。

【雑誌】

推定販売金額の減少率は8・4%減に加え、返本率40%という過去最低の記録を更新してしまった雑誌。雑誌業界を取り巻く環境はどう贔屓目にみても厳しい。唯一の光は電子雑誌が定額制読み放題サービスのおかげで大幅に伸長したことか。

だが、全体的に落ち込みが激しい業界の中で、部数、広告収入を順調に伸ばし続けている雑誌社も存在する。マガジンハウス、光文社、ハースト婦人画報社だ。

成功している雑誌には共通点がある。それは編集長が優秀なプロデューサーとなって広告出稿の枠を取り仕切っていることだ。彼らはみな、最高のマーケッターであり、クリエイティブディレクターであり、プロデューサーなのだ。セルフペイドメディアとしての最大の強みである、「読者」との関係性を、広告主と生活者をつなげる有力な知見としていることにある。

広告主が自社の製品をPRしようとすればするほど、生活者にとっては自慢話に受け止められてしまいがちなジレンマを「あの雑誌がおすすめしているなら」という親和性をもって一瞬でつなげることができる。その展開力（コミュニティ力）と企業に解決策を出せる雑誌だけが生き残っているのだ。雑誌を活用した広告展開で、私が最近、感心した事例を取り上げてみたい。

広告会社と組んでまさに雑誌社がプロデュースをした事例だ。本来、本を書くにあたり、事例を載せても、近い将来、すぐに古くなってしまうので、具体的な事例はあまり載せないことにしているのだが、これは語り継がれるべき、リスペクトに値する事例なので、ぜひ取り上げたい。

まず、マイクロソフトと雑誌「Number」（文藝春秋）が徹底連動して行ったテレビCM。サッカーリオ五輪アジア地区最終予選、日本×北朝鮮他全4試合のハーフタイムに放映した180秒という長尺のCMだ。

内容は若きNumberの編集者がサッカー界のレジェンド、イビチャ・オシム氏に対峙し、インタビューするというもの。オシム氏に関係の深いサッカージャーナリスト、田村修一氏を通訳として迎え、サッカーファンにはたまらない、ドキュメンタリー性に富んだ映像になっていた。

雑誌Numberではこのインタビューの内容を8ページにわたる別冊付録とし、当然マイクロソフトとNumberのウェブサイト上に特設サイトを配置。放映当日、朝日新聞に30段の広告を掲載。そのほか、六本木、新橋を中心にOOHメディアを展開。

雑誌Numberのジャーナリズム力が、広告嫌いのオシム氏のブッキングを成立させた。いわば、コンテンツ力が効果を最大に発揮した例だろう。これはたとえ録画していたとしてもスキップできない内容に違いない。

次に、「読者」との親和性、つまり雑誌独自のコミュニティ力を発揮した例を挙げる。

トヨタ自動車とメンズノンノ（集英社）がコラボして行った、セダン「MARK X」のキャンペーンである。「大人の男たち」を満足させる車という訴求に、メンズノンノがたった1回限りの『大人たちのメンズノンノ』発行で応えた。30年前に創刊号を飾ったモデルの阿部寛氏をはじめ、風間トオル氏、加藤雅也氏など当時の人気モデル、豪華メンバーが勢ぞろいし、誌面にて同窓会を開催。特設サイトの設置、記者発表会イベントに加え、TVの特番、本誌誌面に即した販売店用リーフレットなど徹底した連動を図った。結果、キャンペーンのメインモデルとなった黄色いＭＡＲＫ Ｘは完売。『大人たちのメンズノンノ』はAmazon雑誌ランキング1位を獲得。記者発表会イベントには１３４社２３０名を超えるメディア関係者が集まり、多くの地上波番組でニュースとして取り上げられるなど、相乗効果を得た。

さらにFacebook経由でコンタクトし、アンケートに答えると表紙がカスタマイズされるだけでなく、ファッション、レストラン、あの頃のヒット曲など、自分好みのオリジナルマガジンが発行されるという日本発の試みがＳＮＳ上で大きな話題となった。まさに究極のパーソナライズであり、生活者と広告主、そして媒体の最高のエンゲージメントである。おそらくこうしたビジネスモデルの変革を自ら行える雑誌とそれをプロデュースする編集者を抱えた雑誌社のみが生き残ってゆくのだと思う。

最後に、純広告が「雑誌の強力なコンテンツ」に転化できている例としてハースト婦人画報社の例を挙げたい。ELLE ONLINEという最強のグローバルネットワークを有しているエル・ジャポンだが、サイトはすべて日本語であり、このためドメスティックにとどまり続けるという課題はクリアできていないものの、ファッション誌の強みはラグジュアリーブランドの純広告それ自体が雑誌にふさわしい最新の情報であり、読者にとって最強のコンテンツになりえているということだ。シャネル、グッチ、ディオール、ブルガリ。ブランドロゴとファッション写真のみ。言語を排除したノンバーバルの世界観。実はこれこそ、グローバル広告が世界に通用する可能性のヒントを指し示すものだといえないだろうか。

【テレビ】

広告費1兆9323億円。この数字だけみると、メディアとしてのテレビの強さを思い知らされる。とはいえ、経済環境の先行き不透明から全体的に出稿を控える動きは広がり、低調に減方向に推移しているのは否めない。2009年のエコポイント導入によるCMスキップの影響はやはり大きい。大型スポーツ番組による反動減は食い止められないようだ。だからといってキー局が主張する「録画禁止」の流れは時代錯誤も甚だしい。好きな時間に視聴することが可能なモバイルやウェブに慣れてしまった生活者のテレビ離れをかえって加速させる恐れもある。TOKYO MXのようにエムキャスで見たいときに見られる融通のよさが確立されているチャンネルやNHKのオンデマンド番組を通勤電車内でiPadで見る人も増えているという。

ならば、「録画禁止」にこだわってスポンサー獲得という既存のやり方に固執するのではなく、ネットと放送の融合による課金システムの導入をはじめ、新たなマネタイズを模索するほうが健全ではないか。

視聴率の低下を回復するためにコンテンツ強化による各局の差別化推進が叫ばれているようだが、ますますニーズが高くなるはずのイベントやスポーツのライブ中継など、テレビ局のノウハウがあれば、やり方次第でもっと面白くできるはずだ。報道やライブコンテンツとの親和性においても、伝わるスピードとリーチの到達度の面でもテレビが出来ることはきっとある。

つまり視点を変えてＨＤＤで録画しても「面白くないモノ」に注力すべきだろう。録画しても面白くないモノ。それはニュースであり、マラソン、サッカー、野球などスポーツ中継だ。

どのチャンネルを見てもお馴染みのタレントや芸人が出演しており、芸能ニュースを延々と垂れ流している最近のテレビは「日本でしか通用しない」。極めてドメスティックであり、時間が止まっているかのようだ。

いまではアナウンサーでさえもまるで芸能人だ。これでいいのだろうか。テレビの上流を突き詰めるなら報道そしてドキュメンタリー、ライブ中継だろう。そのスポーツ中継をもタレント頼みだ。そのタレントファン以外の本当のスポーツファンの冷めた視線をプロデューサーはどう感じているのだろうか。この視聴率をとるためのテレビのあがきの光景は何かに似ている。そう、かつての部数をひたすら求めていた時代の雑誌にそっくりだ。

その雑誌社の部数至上主義に、大きなくさびを打ったのは男女雇用機会均等法以降、総合職として社会進出した女性達だ。彼女達は自分の給与をファッションブランドやコスメティックに投資し、自分らしさを築いてきた。それが、1990年代のファッション誌ブームを創った。これがターゲットメディア誕生の原点だ。ファッション誌もラグジュアリーファッション、カジュアルファッションなどに細分化され、ファッションとコスメの分離が生まれ、コスメ誌が誕生した。もちろんグルメは別のジャンルだ。

まさに、量→質への転換。それがマスメディアからターゲットメディアへの変化そのものだった。今、テレビに求められるのが量→質へのドラスティックな転換ではないか。「視聴率」という量（マス）を求めるのではなく、「視聴質」というまさに質（ターゲット）を求める時ではないか。

すでにＢＳ・ＣＳなどではなされている手法だが、これを地上波でもやるべきだ。

そうすれば、前述の新聞における中央紙、地方紙の関係と同じ未来シフトをキー局、ローカル局の関係の中で実施できるはずだ。新聞よりもテレビは娯楽性が強いので、そこはエンターテインメントにもっと力を入れるなど、ソリューションとして求められる方向性は多岐に及ぶだろう。まさに今、このタイムシフトの時代を超える〝キーワード〟は**視聴質**。マスメディアの中心であるテレビの〝**ターゲットメディアシフト**〟ではないだろうか。

ＮＨＫが配信している『新・映像の世紀』などを見るにつけ、この考え方は強まる。民放局にとっての基本、原点となる上流は一体何なのかを問いたくなるのは私だけであろうか。

10年前、ホリエモンこと堀江貴文氏によるフジテレビの買収を阻んだのは、残念ながら、自らの既得権益を守りたかった旧体制のおじさん達である。その行為は日本のテレビ界の成長を10年遅らせただけでなく、日本のメディアのグローバル化をも立ち遅らせたと思う。

コンテンツ産業に圧倒的なパワーを持つアメリカは、１９７０年にテレビの3大ネットワークを規制する「フィンシンルール」を確立していた。フィンシンルールとは、制作会社が制作した番組の著作権をテレビ局は所有できないというルールだ。すでに廃止されているようだが、特筆すべきはテレビ局が自ら独占権を放棄し、映像業界そのものが発展することを願って競争力を高める選択をしたこと。既得権益を求めていまだに自社への利益誘導を第一に考え、体制にしがみついているおじさん達とは大違いである。

我が国には映画業界にも「五社協定」という悪しき慣習があり、日本映画界の成長を長いこと阻んできた。ドメスティック根性の権化といってもいいかもしれない。こうした過去の遺産に依存する体質の改善、ビジネスモデルの変革こそが、いまテレビに求められているものだろう。フェアなルールとコンテンツ強化。その両輪が揃ってはじめて健全な道が開かれる。

余談だが、「五社協定」に対抗するために立ち上がったのが石原プロモーションだったのだ。ところが、映画製作で巨額の借金を背負ってしまう。その返済のために嫌々出演したのがテレビ番組『太陽にほえろ!』であった。それまでテレビ出演をかたくなに拒んでいた石原裕次郎だったが、この番組はテレビ時代の全盛期であった当時、大ヒットを記録。石原裕次郎は軸足を映画からテレビに移し、自らテレビ番組制作に乗り出してヒット番組を量産した。10億以上の借金を返済したうえに30億以上の資産を築き、見事再建を果たしたことは有名だ。メディアの潮目を読むという点でも、ビジネスの軸足を移す勇気という点でも憶えておきたいエピソードのひとつだ。

私は、実はとてもテレビを観るのが好きで、時間があるとテレビを観ている。その中でもHDDに録画しても面白くないものを自然に観ていることに気がついた。平日は21時台・22時台・23時台とニュース報道のザッピング、土日はスポーツ中継のザッピングだ。

やはり、テレビの上流は報道。ニュースとスポーツの2大報道はテレビの独壇場だ。これにもっともっとグローバル化を加味して、世界と勝負するドキュメンタリーを制作すれば、日本の報道技術は絶対に言語を超えて世界と勝負できるはずだ。それをスポンサーも望んでいるはずだ。テレビプロデューサーにはタレントや芸人、マンガなど版権に縛られたキラーコンテンツを狙うのではなく、新しい質の高いコンテンツをオリジナルで創りだすことを中心にもっともっと頑張ってもらいたい。人気のドラマ・テレビが見放題のHuluが好調なのは強いコンテンツであれば、「つながりたい」人は多いことの証だ。改めて言いたい。

いまテレビ局に必要なのは〝**テレビのターゲットメディア化である**〟と。

【ラジオ】

広告費においては通年でマイナスを記録してしまったラジオだが、「radiko.jp（ラジコ）」の月間ユニークユーザー数が堅調に推移していることをはじめ、新規リスナーの獲得では新たな可能性の兆しが感じられる。有料で全国のラジオを視聴できるエリアフリーの会員数が拡大。またAMラジオがFM局でも聴けるワイドFMのスタート。スマートフォンでラジオを受信できるようになったマルチメディア「i-dio(アイディオ)」の準備も進み、新展開が期待できそうだ。

地域情報を発信するコミュニティFMが全国で300局を超える見通しだというニュースも記憶に新しい。テレビ報道の地上デジタル化でアナログの周波数が使えるようになったことが地域局の開局を後押ししたことに加え、なによりも2011年3月11日に発生した東日本大震災以降、地元に密着した情報の入手、伝達手段としてラジオが見直されたことは大きい。放送対象地域人口は全国の約4割、約5000万人をカバーしているという。新たな役割を帯びた媒体としてラジオに注目する向きも少なくない。

たとえば、「ゲリラ豪雨で○○地域が冠水」、「○○河川の水位が上昇、氾濫の危険あり」、「○○小学校の体育館に緊急避難を」など災害時の情報発信だけでなく、「近所の神社でお祭りがある」、「桜の見ごろは○日ごろ」、「地域で頑張っているミュージシャンを応援しよう」というレジャー案内に加え、「○○商店街で半額セールがはじまる」、「家出した猫を捜しています」

など暮らしに役立つ情報まで。コミュニティFMはとことん地元に密着した情報を発信しているのが面白い。ローカル色を極めることでメディアとしての強みを発揮している点で健闘しているといえよう。i-dio（アイディオ）の活用により、訪日外国人への優れたガイドメディアとしてインバウンド需要の可能性も十分考えられる。

個人的にはラジオには先にあげた「地域で頑張っているミュージシャンを応援しよう」に代表されるように、新しい才能と育成にぜひとも力を入れて欲しいと思っている。実際にＦＭ８０２が行っている芸術サポート活動の digmeout などはこれからのラジオの新しい領域を感じさせる活動だ。谷村新司さんや福山雅治さんがどんなに売れてもラジオでパーソナリティを続けているのは、一個人に話しかけられるという極めて「親密度の高い」メディアの威力を体感しているからだろう。

かつては受験生や長距離トラックの運転手など深夜族と相性のよかったラジオだが、最近は朝活族とも相性がいいらしい。またハンディキャップを持った方々への大切なライフラインとしても期待できる。エリアが限定されるために広告集めが難しいとの声もあるようだが、そのローカル性を「強み」に変える発想がアドマンに求められているというわけだ。

あえて、「既存のルールを疑う」ということ

新聞、雑誌、テレビ、ラジオの課題とこれから求められるであろう役割をざっと述べてきたが、大きくふたつのことが浮き彫りにされたと思う。

ひとつは**コンテンツの強化**であり、もうひとつは**既存のルールを疑え**、ということだ。

村上龍氏は、2010年に自ら電子書籍出版社を立ち上げているが、iPadの発売前にアップルのHP上で公開されていたスティーブ・ジョブズのプレゼンテーションを見て、「これはiBooksとiPhoneの中間のものを作った」のだと確信し、稲妻に打たれたように感動したそうだ。「このiPadで君の新しい小説を発表したら?」とジョブズ氏がそう言っているような気がしたのだという。

さらに興味深いことに、その時書き上げたばかりの『歌うクジラ』をiPadでぜひ発表したいと即決し、自ら講談社の野間省伸氏(現講談社社長)に紙での出版に先駆けて電子書籍で出版することを直談判したらしい。村上氏のこの行動は電子書籍元年のパイオニアとして後に

ダ・ヴィンチ電子書籍アワード２０１１年の文芸賞に輝いたわけだが、既存の制度に甘んじることなくチャレンジをし続ける姿に感服した。龍氏と同時代に活躍している村上春樹氏もまた開拓者である。『職業としての小説家』という本には、村上春樹氏がベストセラー作家になった後、一個人として世界のエージェントと直接交渉を続けていたエピソードが登場する。

日本の出版業界のやり方に依存することなく、たった1人で自ら道を開拓する奮闘ぶりに驚かされたのだが、まさにこの書籍の版元、スイッチ・パブリッシングの代表取締役である新井敏記氏もまた、この書籍の発売時に出版界の既存のルールに挑んだことに私は感心した。

紀伊國屋書店が初版の9割を買い取る異例の流通で話題となったが、紀伊國屋書店と新井氏の試みは中小出版に厳しい取次会社の取引条件をよくし、ネット書店とも流通の協力を得て、街の書店に配本が行きわたるよう「本の流通の改善」を目指したものだった。元新潮社の宮本和英氏をはじめ、出版業界の流通の仕組みに疑問を抱き、出版営業のこれまでの常識を変えようと奮闘したり、新しい流通を模索したり、大手出版社から独立して一個人として勝負し、挑戦しようとする編集者は確実に増えている。

既存のルールに戦いを挑むという点では講談社を退社し、作家エージェント「コルク」を設立した佐渡島庸平氏もその一人だ。『宇宙兄弟』、『働きマン』、『ドラゴン桜』など数々のヒット作品を生み出した名プロデューサーであり、名編集者だ。いまご縁があって弊社マンガデザイナーズラボと多くの仕事をご一緒させていただいている。この本の帯の文章も彼にお願いした。

彼が講談社在籍中にぶつかった「既存のドメスティックルール」の障壁こそ「版権」だったと想像する。

「版権」というライセンシーの問題は、広告を「置く」時代を迎えている我々アドマンにとっても切実だ。サイト上にアーカイブコンテンツを「置く」ためには版権の問題は避けて通れない。

契約期間という規約問題、２次使用料を求めるモデルエージェンシーや芸能プロダクションの叫びが聞こえてきそうだが、インバウンドを真の意味で成功に導くためには向き合わねばならない。ウェブやモバイルはグローバルでなければならないのだ。それでも版権を強く主張するならば、ハリウッド俳優のようなグローバルタレントやモデルを育成することが必要不可欠な時代であるという認識が必要だ。最近、この話を芸能プロダクションの若い世代の人たちと話したが、みなそのことに気づいているようだった。

それは「版権で儲ける」という、旧態依然とした考え方を変革し、未来の産業成長に投資するためにノーライツを選択するという決断である。あなたにはそれができますか？　という自問自答でもあるだろう。すでにこのことに気づいている若い世代がいるとするなら、まだまだ安心、大丈夫であろう。

結論を言えば、インバウンド・アウトバウンドをはじめとしたグローバルメディアでの成功の鍵は「言語対応」「版権・権利」が握っていることは間違いない。

第1部

第5章

新しい時代を「笑顔でプロデュース」

インバウンドから考える、地方創生の商機

2016年春、中国の旧正月にあたる春節の大型連休には、日本各地が訪日外国人の対応に追われたようだ。買い物をした際に免税手続きを1カ所でできる「免税商店街」の開設をはじめ、大手コンビニエンスストア、ローソンでは中国の「銀聯カード」に対応できるATMの開設、関西国際空港では中国国内で7億人が加入しているというWeChat（ウィーチャット）のアカウント導入など、連日報道を賑わせていた。2015年訪日外国人客は1973万人と過去最高を更新。日本政府が打ち出す訪日外国人観光客の「2020年までに3000万人」の目標も2016年3月の産経ニュースによると、政府は2020年の新たな目標設定を4000万人台に引き上げる方向で検討に入ったようだと伝えている。

全国の免税店は去年1年（10月時点）で2万9千店とこの半年間で5割増えた計算になる。観光庁の調査では訪日外国人1人当たりの旅行支出は17万円を超えているという。いわゆる「爆買い」の勢いもまだまだ衰えないようだが、特にインバウンドが好調なのは大阪のようだ。

やまとごころ通信には次のようにある。

USJでは昨年(2015年)10月に単月最高入場者数を記録。海外からの来場者もはじめて100万人を超えるなど、集客が好調でした。大阪城も32年ぶりに最高入場者数を更新。これは外国人の入場が押し上げたのです。……香港の旅行雑誌が記者にアンケートしたところ好きな都市の第一位は大阪でした。なぜこんなに大阪がアジアで人気なのか諸説あるでしょうが、大阪出身でアジア各地の在住経験が豊富な編集者が〝大阪のノリ〟ではないかと言っています。(やまとごころ通信 vol・437より一部抜粋)

〝大阪のノリ〟もそうではあるが、彼らの行動ルートの多数が関西国際空港経由で東京あるいは京都へ移動するケースが多いようだ。その理由は、アジア諸国の入口として便利であること、LCCの完備対応がしっかりしていること、関西国際空港を中心に大阪がとても努力していることの証であると考えられる。しかし、主要玄関口が関西国際空港に偏っているのは、大きく動き出しているインバウンド戦略に対して、東京国際空港を含めた、国際空港をもつ他エリアの戦略不足を指摘されてもしかたがないだろう。

長崎など港町では海外からの寄港クルーズも増えており、今後は団体客の受け入れだけでなく、個人客（富裕層）の長期滞在サービスへの対応も急務のようだ。

こうしたインフラ整備もさることながら、せっかく日本に来た外国人のお客様を大阪、京都、東京、名古屋の主要都市に集中させてしまう現状をアドマンとしては何とかしたいと考えざるを得ない。肝心の「おもてなし」が内向きで、限りなくドメスティックであるという致命傷が各地で散見され、心底「ああ、もったいない」と思うことばかりだ。

たとえばキャスター付きのスーツケースやキャリーバッグを引いて地下鉄やショッピングモールを移動する外国人の多さを不思議に思わないだろうか。事故が多くてかなわないという苦情に対応するため、「手ぶらで買い物ができる」サービスをうたう荷物預り所も増えてきたが、そもそも「日本には信頼できる宅配というサービスがある」というアナウンスが観光客に対して事前に全く届いていないから、こうした光景が一向に減らないのではないか。私たちが国内旅行する際、なるべく身軽に観光を楽しむために、荷物は宅配で宿泊先や自宅に送るという当たり前の習慣。

おそらく、海外の方々は「約束した日時に確実に荷物が配達される」ということが当たり前ではないから、後生大事に大荷物を抱えて移動しているのではないか。そこに辿りつけば、アドマンとしては、そこで日本が誇る宅配サービスの「信頼性」を伝えたいと考える。ビジネス商機はいくらでもある。できることなら言語という障壁を乗り越えて、素早く分かりやすく伝えたい。彼らが観光情報を手に入れる手段は何といってもグローバルメディアであるウェブとモバイル。訪日する前に彼らのいる場所は、外国であるがゆえ、ウェブとモバイルしかメッセージを届けられないのだ。いつでもどこでも「つながる」条件を充たすWi-Fiがあっても、メッセージが素早くわかりやすい内容でなければ意味をなさない。しかし日本語、つまり言葉の問題はあまりに大きい。

その時に、最強の解決策として力を発揮するひとつの方法として考えたのがコンテンツとしての「マンガデザイン」だ。逆にいえば、インバウンド、２０２０年東京オリンピック・パラリンピックへの盛り上がりが「マンガデザイン」という発想を生んだといっても過言ではない。

マンガデザインとは何か？

マンガは日本が誇る、最強のコンテンツである。この話は数年前から始まった「Cool Japan」プロジェクトでも、幾度となく聞いたが、なぜマンガはプロジェクトとしてそれほどまでには世界中に広がっていないのだろうか（マンガ自体の人気はあるが）。

それは〝どこまでも版権ビジネスであって、デザインプロデュースビジネスではないからだ〟という仮説を立てて、その着想からマンガの手法をグラフィックデザイン化したのが「マンガデザイン」である。

言い換えれば、グラフィックデザインという広告クリエイティブの世界にマンガを応用する手法を用いること。マンガが広告としてしっかり機能するためにはマンガの知識だけでは全く不十分で、メディアの知識が必要不可欠だ。

そう着想をした私は、２００４年に立ち上げたメディアプロデュースの会社、ターゲットメディアソリューションに加え、2011年にマンガデザイナーズラボという総合クリエイティブ会社を立ち上げ、その考えを具現化させてきた。マンガの手法をグラフィックデザイン化したものを用いて事業を行っている組織や企業はいくらでもあるだろう。だが、それをマンガデザインと呼び、日本オリジナルの文化として育て、若者を育成し、しっかりと「広告0円」時代のメディアを考察して、「笑顔をプロデュース」しようとしている組織はおそらくないのではないか。

弊社には総勢20人以上のマンガデザイナーが在籍している。

今日、マンガ家志望の若者が、食べていけるだけの一人前の漫画家に成長するには時間がかかりすぎる。

新人を発掘し、連載を任せられるようになるまで育てる気概をもつ編集者も併走する体力を持った出版社も激減していることに加え、実は新人が作品を発表するチャンスと場がありすぎることが最大の原因だ。大御所の作家のアシスタントからデビューのチャンスをうかがう、という正攻法も一部を除けば、時間と報酬の面で厳しすぎる待遇に甘んじなければならない。新人賞に応募するという登竜門も宝くじに当たるより確率が低い競争率である。

一方でインターネットを使えば誰もが作品を発表できるが、作品の精度をチェックする編集者（他者）がいないまま、伸び悩みスポイルされていく能力が少なくない。〆切もなければ、批評もない。そのため書き続けるためのモチベーションが長続きしないというのが現実のようだ。

私は、サッカーを指導していることもあり、経験上解っているのだが、上達への最良の方法は何といってもまず、場数を踏むことだ。ピッチに出なければ何も始まらない。野球選手だって打席に立たなければ極端に言えばほとんど意味がない。グラフィックデザイナーが広告主から発注を受けて仕事の場数を踏むように、企業のビジネスツールを描くことでマンガを描く機会が増えれば増えるほど、スキルは向上する。

もうひとつ必要なのは競争の場だ。マンガデザイナーズラボではひとつの広告案件を複数のチームで制作する。そのことで競争心が湧くからだ。その結果、各人の弱みも強みも見えてくる。それぞれの「ストロングポイント」をつなぎあわせることでより強いレイヤーをつくり、力のある作品を完成させることができる。これは数々の広告を手掛けることで実証済みである。

これまでも私の着想に賛同してくださった多くのクライアントとコラボレーションし、国内および海外に向けた数々の広告を手掛けてきたが、とりわけマンガデザインはインバウンドと相性がいい。その理由は何よりも、マンガデザインが「ノンバーバル（無言語）」「ノーライツ（使用権フリー）」で、マザーシップであるＨＰ上に「置く」最高のコンテンツだからだ。

手前味噌のようで恐縮だが、マンガデザインがインバウンドと相性がいい理由はさらにある。文章よりもマンガデザインのほうがわかりやすい。どんなキャラクターも創造できる。そのうえ、ウェブやソーシャルメディアにおいて、あからさまな広告や、楽しい時間を邪魔する広告は嫌われる傾向にある状況でもマンガデザインはユーザーフレンドリーなコンテンツとして非常に受け入れられやすい。またスマートフォンを指先でタップしたとき、次々と入れ替わる画面のリズムにマンガデザインは実に馴染む。さらに16：９の画面の中で縦スクロール仕様にフィットする。

ＯＯＨメディアにおいては2次元の世界観が非日常という異空間を演出しやすい。

それだけではない。芸能人やモデルのように、スキャンダルを危惧する必要もなければ、２次使用という版権問題とも無縁である。

長年、メディアを研究してきた私はクリエイティブを考え抜く過程でコンテンツの重要性にいち早く気づかされた。その時、最強のコンテンツとしてマンガデザインを選んだことは現在進行形の案件を発注してくださっているクライアントの顔触れを見ても間違っていなかったと確信できる。

ターゲットメディアとマンガデザインとの融合。インバウンド戦略としてこれ以上の強力なコンテンツはないと自負している。

広告という商業的なニーズが作家性を損なうという理由で著名漫画家先生に仕事を断られたという話もよく聞くが、実は作家本人の意向よりも版元の版権の問題が、こうした機会損失を生み出している例も少なくない。つまり、マンガ家はある意味で出版社という名のプロダクションのタレントだということだ。これではとても、広告主がマンガを通じて広く「笑顔をプロデュース」することなどできないであろう。メディアの未来を読みながら、コンテンツをプロデュースするならば、新人の育成は必要不可欠であり、才能の独占はメディアの寿命を自ら短くするようなものだと私は考えている。実際にただでさえ低迷する出版社の屋台骨を支えてきた、「漫画本」の売れ行きにも陰りが見えてきているのが厳しい現実だ。

生活者にとって、「広告なのか？　コンテンツなのか？」「広告なのか？　プロダクトプレイスメントなのか？」「双方向なのか？　一方通行なのか？」は全く関係ない。常に生活者からみたら「広告０円」なのだ。生活者の心にブランディングできるか否かだけが、昔から必要だということは普遍的な事実だ。ならば、心に届くコンテンツをどうプロデュースするかが最重要。

まさにデザインプロデュースの時代だ。つまり、優秀なプロデューサーが求められる時代なのだ。

日本のストロングポイントは何か？最強のコンテンツとは何か？

これまでずっとメディア論を述べてきた。冒頭にも述べたように、残念ながら日本発の世界とつながるメディアはまだ存在していない。YouTubeもFacebookもTwitterも、さらにはLINEでさえ、海の向こうの誰かによって生み出されたメディアの恩恵にあずかっているに過ぎない。強いコンテンツが求められる背景にはそんな身も蓋もない事実が横たわっている。だが、卑下することもなければ悲観することもない。

「ハイテクな機械を使って難しいことを考えてやったわけではありません。毎日同じことの繰り返しです。でもそうした中に人の役に立つようなものがあるんです」

これは2015年にノーベル生理学・医学賞を受賞した大村智さんの言葉だ。

２０１２年に山中伸弥氏（ノーベル生理学・医学賞）、２０１４年に赤崎勇氏、天野浩氏、中村修二氏（ノーベル物理学賞）、２０１５年に梶田隆章氏（ノーベル物理学賞）……。

振り返れば、ここ数年だけで、ノーベル賞を受賞した日本の研究者は合計24名。21世紀以降の自然科学分野においてその受賞人数は米国に次いで2位である。イギリス、フランス、ドイツを抜いて2位とは感慨深いではないか。

さらに、２０１５年はこんなうれしいニュースもあった。国際宇宙ステーション（ＩＳＳ）へ物資を運ぶ無人補給機「こうのとり」5号機を搭載したH－ⅡBロケット5号機が、鹿児島の種子島宇宙センターから打ち上げられ、予定通り地球周回軌道に投入された。打ち上げは成功と報じられた。スーパーもコンビニもない宇宙へ食料を届けることができたと油井亀美也氏のTwitterでのつぶやきをリアルで読んだときには、思わず鳥肌が立ったくらい感動してしまった。

２０１４年10月のシグナス（米国）も２０１５年４月のプログレス（ロシア）も、２０１５年6月のドラゴン（米国）も失敗に終わった打ち上げだ。

地上波での報道が数えるほどだったのが気になったが、インターネット上では世界中が感嘆している様子が伝えられ、私にとってはまさに、心がうち震えるようなニュースだった。

世界に通用する、心に届く最強のコンテンツを問われた時、偉業を成し遂げた彼らの謙虚さに学ぶべきことがたくさんあると感じたのだ。


最近、各所の飲食店に行くと感じるのだが、サービスやおもてなしが過剰になりすぎて、その過剰な善意がかえって人を拒絶するような「おしつけがましさ」になっている店が多いように思う。これはまさに自ら語る「Cool Japan」から感じる最近の違和感に通底する。訪日外国人は日本の過剰包装とゴミ箱のなさに辟易すると口をそろえて言うそうだ。

我々がインバウンド戦略を考えるとき、こうしたはき違えた「おもてなし」は相手にとっては「ノーサンキュー」になりかねないことを肝に銘じるべきだろう。

大村さんの言葉ではないが、「日々の繰り返しの中に隠された、人に役立つこと」を考え抜くことで「もてなし」本来の目的を果たせるのではないか、と思うのだ。

広告を「置く」時代に見習いたい、「ユーザー目線」のもてなし

最後に「もてなし」本来の目的を果たしていて、素晴らしいと感心している事例をふたつ挙げたい。先の章でも少し触れたが、ANAとJALのHP（マザーシップ）は非常に優れている。予約から搭乗手続きまでの使い勝手のよさ、ネット経由でコンタクトをした後の対面あるいは電話対応の完備、さらにスターアライアンスや、ワンワールド各社とのアライアンスが徹底していることなど、どれも実に「ユーザーフレンドリー」なのだ。

ネットでのコミュニケーションが進めば進むほど、Face to Face のサービスが求められることを熟知しているのだろう。空港に行った際のグランドスタッフの対応まで含めたサービスのインフラが完備されている点に至るまで。学ぶべきことがたくさんある。

もうひとつはソフトバンクのアメリカ放題。スプリント買収によってグローバル市場に参入

した同社の心意気を感じさせる最高のサービスだ。なにせ、Wi-Fiがつながらなくともアメリカでもハワイでもソフトバンクの iPhone 6 の利用者なら通話無料という徹底ぶり。まさに「通信０円」だ。経済負担を軽減するという企業努力もすごいが、スプリントのネットワークとアライアンスを組むことでこういう発想を具現化する行動力に「さすが、ソフトバンク！」と唸らずにいられない。留学先の娘との会話も何といってもすべて無料だったので、当然娘との会話が増えたし、私たちの笑顔も増えた。

自分のすぐそばにいる人が笑顔になるかどうか。

実はクリエイティブやコンテンツアイデアのヒントは案外、自分の身近なところにあるものだ。映画『スティーブ・ジョブズ』でジョブズが「お前のポケットに音楽をいれてやる。５００曲？いや、１０００曲入れてやる」と娘のリサに言った会話を思い出す。〝レンガの様に〟大きな音楽プレーヤーをジョブズはポケットの中に納まる iPod に変えた。身近な人を笑顔にする。ささやかなようで、これほど重要なことはない。真に向き合うべき対象はいつもそばにあるものだ。

グローバル、グローバルと明後日の方向を見ていると見落とすことも少なくない。「メディアとクリエイティブの一体化」を考え抜いた結果、私が辿りついたターゲットメディア×マンガデザインという手法だって、「自分のすぐそばにある」私のいちばんの「強み」を掛け合わせたにすぎない。個々人の「ストロングポイント」をつなぎあわせることで最強のコンテンツを作り出す。その上で送り手と受け手が確実に「つながる」手法を選んでいく。それは日々のトライ&エラーの積み重ね、繰り返しであり、既存のルールを疑い、破壊し、新しい「仮説」を立て実証していくことの地味な繰り返しだ。実はそこにしか答えはないのだと思う。

10年連続で200本安打というメジャー記録を達成した時、日米合算で4000本安打を記録した時、イチローはこんな言葉を残している。

「簡単でないことは僕が一番知っている」(10年連続200本安打達成のコメント)。

「……(略)4000安打には、僕の場合、8000回以上悔しい思いをしている。その悔しさと常に、向き合ってきた事実は誇れると思いますね」(日米合算で4000本安打達成のコメント)。

4000本達成という結果を見るとき、私たちはついゼロから積み上げられた4000の足し算を発想するが、違うのだ。1万2000回以上チャレンジしてそこには8000回以上の失敗（エラー）があったということ。こうした引き算の発想こそが重要なのだと思う。
トライ＆エラー。失敗を恐れて挑戦しなければ、新しい未来は切り開けない。決して楽な方法ではない。苦しみのほうがむしろ大きいだろう。でも挑戦しないよりははるかにいい。苦しくて迷うこともあるかもしれないが、迷った時は、自問して欲しい。

そのプランは「未来に笑顔をプロデュース」できるかどうか、ということを。

新しい時代のメディアに求められるコンテンツのヒントが、必ず見えてくるはずだから。

１９６４年に開催された、東京オリンピック。当時、８歳の私は父の膝の上で、閉会式を見ていた。きちんと整列すべき選手達が、その隊列を崩してバラバラになり、お互いに笑い合い、抱き合い、写真を撮りあい、讃えあう歓喜の映像がいまでも瞼に焼き付いている。
２０２０年。その時、新国立競技場を充たす未来のたくさんの笑顔を思いながら、私は今日もプレゼンテーションに向かっている。次は私の膝の上で記憶に残る新しい体験を新しい家族（世代）に伝えたいと願いつつ。

第2部

戦後70年のメディア史

点が将来結びつくと
信じなくてはいけない。
信じるものを持たなければいけないのだ。
創造とは結びつけること。

――スティーブ・ジョブズ（＊6：p260）

スティーブ・ジョブズがスタンフォード大学の卒業式で行った有名なスピーチの一節だ。

「無から有」を創りだすことに、つい力んでしまう学生たちを前に、まずは多くの経験をして「つなぎあわせるたくさんの点」を持つことが大切だとジョブズはあの日、説いた。

創造は必ずしも無から有を創りだすことではなく、すでにあるものや着想を思いがけない形で組み合わせるために「たくさんの点」を持つことだ、と。

メディアを通じて歴史を振り返るとき、確かに時代時代はそれぞれの点でしかない。だが、その点をリアルタイムで「目撃した」経験はいつしか世代というらねりとなり、その場の空気感はやがて世相と言われるようになる。

過去の点と点を「つなぎあわせる」ことは未来をよりよく考えることだと私は信じている。振り返ることで、より深く、いまが見えてくるからだ。

2016年、私たちの日々の経験はインターネットを通じて瞬時に世界中と「シェア」することができる。ひとつでも多く出来事を目撃し、経験すること。

それらは将来必ず、力となって結びつくはずだ。

戦後70年、渾身のメディア史をお届けする。振り返るな、目撃者たれ。

1940年代	GHQの統治下で行政・経済基盤の整備が急速に進められた。団塊の世代が誕生する。	1940s
1950年代	1950年代中頃より高度経済成長期へ突入。リーダーシップ・ターゲットが誕生する。	1950s
1960年代	東京オリンピックが1964年に開催。テレビが全世帯へと普及。	1960s
1970年代	大阪万博が1970年に開催。映画業界が衰退する一方でテレビ黄金期を迎える。	1970s
1980年代	バブル景気に突入する。男女雇用機会均等法が1986年に施行、様々なカルチャーが誕生。	1980s
1990年代	バブル景気崩壊、阪神・淡路大震災、地下鉄サリン事件など「失われた10年」となる。	1990s
2000年代	IT革命とインターネットの爆発的普及により現在のようなネット社会の時代に突入する。	2000s
2010年代	iPhone、スマートフォンの爆発的普及によりライフスタイルは大きく変化する。	2010s

※年表内の（　）は月

戦後70年のメディア史

1940s

1940年代

GHQの統治下で行政・経済基盤の整備が急速に進められた。団塊の世代が誕生する。

1945
(昭和20年)

ポツダム宣言受諾/第2次世界大戦終戦(8)、
東久邇宮稔彦王内閣発足(8)、ラジオ天気予報復活(8)、
NHKラジオが歌謡曲・軽音楽の放送を再開(9)、
東京劇場興行再開(9)、
日本勧業銀行が第1回宝くじを発売(10)、
幣原喜重郎内閣発足(10)、
国際連合発足(10)、GHQ 財閥解体を指令(11)、
角川書店設立(11)、世界初の電子計算機が作られる(11)、
GHQが東京宝塚劇場を接収し「アーニー・パイル劇場」と改称される(12)、
NHKラジオで紅白音楽試合(現:NHK紅白歌合戦)が放送(12)
[メディア]
・雑誌:世界(岩波書店)、平凡(凡人社)など創刊
[流行語]
終戦、一億総懺悔、虚脱状態、闇市・青空市場、民主化など

1946
(昭和21年)

NHKラジオ『のど自慢素人音楽会』(現:NHKのど自慢)放送開始(1)、
文藝春秋社解散届出すも6月に復刊(3)、
夕刊フクニチで『サザエさん』連載開始(4)、
初の婦人警官62名が勤務開始(4)、
日本映画演劇労働組合結成(4)、
六大学野球復活(5)、読売報知が題号を「読売新聞」に復題(5)、
東京通信工業(現:ソニー)設立(5)、吉田茂内閣発足(5)
東宝が新人俳優を募集、三船敏郎、久我美子らが合格(6)、
NHKラジオ「今週の議会から」(現:日曜討論)放送開始(6)、
日本新聞協会設立(7)、都市対抗野球大会復活(8)、
経済団体連合会(経団連)創立(8)、上野駅前にアメ横誕生(10)、
日本国憲法公布(11)、
教育刷新委員会が六三三四教育制度を決定(12)
[メディア]
・新聞:夕刊フクニチ、日本初のスポーツ紙・日刊スポーツ 発刊

・雑誌：改造（改造社）、中央公論（中央公論社）、群像（講談社）、
主婦と生活（主婦と生活社）、ベースボール・マガジン
（ベースボール・マガジン社） など創復刊

[流行語]

隠匿物資、「あっ、そう」、天チャン、公僕、ご名答、愛される共産党 など

1947（昭和22年）

箱根駅伝復活（1）、手塚治虫の描きおろし漫画「新宝島」出版（1）、
民主党結成（3）、日本国憲法施行（5）、
紀伊國屋書店(新宿本店)開店（5）、片山哲内閣発足（5）、
藤原歌劇団が「タンホイザー」を日本初演（7）、
NHKラジオ「日曜娯楽版」放送開始（10）、大阪タイガース優勝（11）、
第1回金栗賞朝日マラソン（現:福岡国際マラソン）が開催（12）

[メディア]

・雑誌：アサヒ芸能（アサヒ芸能新聞社→徳間書店）、
婦人生活（婦人生活社）、小説新潮（新潮社） など創復刊

[流行語]

不逞の輩、土曜夫人、集団見合い、アプレゲール など

[トピックス]

第1次ベビーブーム（1947-49）/団塊の世代誕生

1948（昭和23年）

民衆芸術劇場第1回公演（1）、戦後初の仏映画「美女と野獣」封切（1）、
サンモリッツ冬季オリンピック開催（1）、
芦田均内閣発足（3）、世界保健機関(WHO)設立（4）、
美空ひばりが歌手デビュー（5）、福井地震（6）、
GHQが新聞社・通信社の事前検閲を事後検閲に切換える（7）、
ロンドン夏季オリンピック開催/日本不参加（7）、
ニューヨーク国際空港（現:ジョン・F・ケネディ国際空港）開港（7）、
第2次吉田茂内閣発足（10）、松竹新喜劇結成（12）

[メディア]

・新聞：デイリースポーツ（神戸新聞社） 発刊

・雑誌：暮しの手帖（暮しの手帖社）、アマチュア写真叢書（光芸社）
など創刊

[流行語]

冷たい戦争、アルバイト、老いらくの恋、斜陽族、鉄のカーテン など

1940s

1949
(昭和24年)

東京証券取引所設立（4）、日本国有鉄道、運輸省から独立（6）、
世界初のジェット旅客機初飛行（7）、プロ野球が2リーグになる（11）、
4コマ漫画『サザエさん』の連載が夕刊朝日新聞で開始（12）
[メディア]
・新聞：スポーツニッポン（スポーツニッポン新聞社）発刊
・雑誌：ドレスメーキング（鎌倉書房）など創復刊
[流行語]
てんやわんや、ギョッ、駅弁大学、厳粛なる事実 など
[ノーベル賞]
湯川秀樹ノーベル物理学賞受賞

1950年代

1950年代中頃より高度経済成長期へ突入。
リーダーシップ・ターゲットが誕生する。

1950（昭和25年）

朝日新聞と毎日新聞が名古屋市での印刷再開（2）、
第1回さっぽろ雪まつり開会（2）、
産業経済新聞が東京に進出/現地印刷開始（3）、朝鮮戦争勃発（6）、
後楽園球場にナイター設備が完成しプロ野球はナイター時代へ（7）、
小田急電鉄がロマンスカー（新宿駅-箱根湯本駅間）の運行開始（8）、
プロ野球第1回日本選手権試合で毎日が松竹を下して初優勝（11）
[メディア]
・新聞：Japan News（現:The Japan News）発刊
・雑誌：芸術新潮（新潮社）、女学生の友（小学館）など創刊
[流行語]
アルサロ、いかれポンチ、一辺倒、金へん・糸へん、特需景気、
エケチット など

1951（昭和26年）

全国106紙で15段制実施（1）、
朝日・毎日・日経新聞が元旦号から多色刷りを実施（1）、
日本コロムビアが日本初のLPレコードを発売（3）、
日本初の総天然色映画『カルメン故郷に帰る』（松竹）が公開（3）、
日本の民間放送ラジオ16社に予備免許が交付（4）、
東京映画配給・東映映画・大泉映画の3社が合併し「東映」設立（4）、
ボストンマラソンに日本初参加/田中茂樹が優勝（4）、
大阪市営バスで日本初のワンマンカー運行開始（6）、
ラジオ番組『歌のない歌謡曲』（提供:松下電器産業）が新日本放送で放送開始（9）、
日米安全保障条約締結（9）、
朝日・毎日・読売新聞が朝・夕刊セットの発行再開（10）、
プロレスの力道山デビュー（10）、
藤子不二雄『天使の玉ちゃん』毎日小学生新聞大阪版で連載開始（12）
[メディア]
・ラジオ：日本初の民間ラジオ局・中部日本放送（現:CBCラジオ）、
新日本放送（現:毎日放送）、朝日放送（現:ABCラジオ）、
ラジオ九州（現:RKB毎日放送）、京都放送（現:KBS京都）、
ラジオ東京（現:TBSラジオ）開局
※民放ラジオ6局（6局増）

[流行語]
社用族、三等重役、親指族、GI刈り、逆コース、エントツ など
[トピックス]
日本初のラジオコマーシャル
「精工舎の時計がただいま7時をお知らせしました」(服部時計店)

1950s

1952
(昭和27年)

宝塚歌劇団「源氏物語」上演(1)、国会中継のラジオ放送スタート(1)、
オスロ冬季オリンピック開催(2)、硬貨式の公衆電話が登場(4)、
雑誌「少年」(光文社)で『鉄腕アトム』連載開始(4)、
日米安全保障条約発効/GHQ廃止(4)、
世界初の旅客用ジェット機(ロンドン—ヨハネスブルク間)就航(5)、
住民登録の実施(7)、羽田飛行場が「東京国際空港」と改称し業務開始(7)、
ヘルシンキ夏季オリンピック開催(7)、
プロ野球機構が「10年選手の特権」を制定(12)、
神戸放送(現:ラジオ関西)が初の電話リクエスト番組を実施(12)
[メディア]
・新聞:大阪讀賣新聞 発刊
・雑誌:明星(集英社)など創刊
・ラジオ:信濃放送(現:信越放送)、日本文化放送協会(現:文化放送)、
神戸放送(現:ラジオ関西)、仙台放送(現:東北放送)、
北陸文化放送(現:北陸放送)、北日本放送、福井放送、
四国放送、ラジオ中国(現:中国放送)、静岡放送、
ラジオ新潟(現:新潟放送)開局
※民放ラジオ 18局(12局増)
[流行語]
ゴールデン・ウイーク、黄変米、エッチ、火炎ビン、恐妻 など

1953
(昭和28年)

大洋と松竹の合併に伴い、セ・リーグは6球団制へ移行(1)、
NHKテレビ放送開始(2)、
NHKテレビでバラエティ番組放送開始(2)、
中日球場のナイター設備完成(6)、民間初の日本テレビ放送網開局(8)、
東京の青山で日本初のスーパーマーケット紀ノ國屋を開店(11)、
初の有料道路(松阪市〜伊勢市間)開通(12)、
第4回NHK紅白歌合戦をテレビ・ラジオ同時生中継(12)

[メディア]
・ラジオ：ラジオ長崎（現:長崎放送）、ラジオ高知（現:高知放送）、
ラジオ山陽（現:山陽放送）、ラジオ四国（現:西日本放送）、
ラジオ南海（現:南海放送）、ラジオ熊本（現:熊本放送）、
ラジオ大分（現:大分放送）、ラジオ南日本（現:南日本放送）、
ラジオ青森（現:青森放送）、ラジオ山形（現:山形放送）、
ラジオ東北（現:秋田放送）、ラジオ岩手（現:IBC岩手放送）
開局　※民放ラジオ 32局（14局増）
・テレビ：日本放送協会、日本テレビ放送網 開局
※民放テレビ 1局（1局増）
[流行語]
街頭テレビ、消費景気、電化元年、洗脳 など
[トピックス]
・松竹・東宝・大映・新東宝・東映が俳優・監督などの
引き抜き防止を目的とする**「五社協定」**を調印・実施
・日本初のテレビコマーシャル
「精工舎の時計が7時をお知らせいたします」（服部時計店）

1950s

1954
（昭和29年）

4コマ漫画『まっぴら君』が毎日新聞夕刊で連載開始（1）、
プロ野球・名古屋ドラゴンズから中日ドラゴンズに（1）、
米テレビ局NBCが世界初のカラーテレビ本放送開始（1）、
日本初の国際プロレスリング大会が開催/NHKテレビと日本テレビで生中継され街頭テレビでは力道山やシャープ兄弟に人気集中（2）、
日本航空が初の国際線（羽田-ホノルル・サンフランシスコ線）の運航開始（2）、
ディズニー映画『ダンボ』が日本初の日本語吹き替え映画として公開（3）、
ヴェネツィア国際映画祭で黒澤明監督の『七人の侍』・溝口健二監督の『山椒大夫』の日本映画2作品が銀獅子賞を受賞（9）、
日本テレビ『NNNきょうの出来事』放送開始（10）、
東宝映画『ゴジラ』が公開（11）、日本民主党が結成（11）、
第1次鳩山一郎内閣発足（12）、
日本プロレスで初の日本選手権が蔵前国技館で実施/力道山が優勝(12)
[メディア]
・新聞：中日スポーツ（中部日本新聞社）発刊
・雑誌：**日本初の広告雑誌『宣伝会議』（宣伝会議）**など創刊
※創復刊74誌、休廃刊26誌

・ラジオ：九州朝日放送（現:KBCラジオ）、
ラジオ山陰（現:山陰放送）、ラジオ山梨（現:山梨放送）、
ラジオ宮崎（現:宮崎放送）、ニッポン放送、
日本短波放送（現:ラジオ NIKKEI）、琉球放送　開局
※民放ラジオ 39局（8局増・1局減）
・テレビ：NHK大阪・NHK名古屋放送 開局　※民放テレビ 1局
[流行語]
五せる接待、スポンサー、死の灰、水爆マグロ、ロマンスグレー など
[トピックス]
・テレビのコマーシャルソング第1号：♪やっぱり森永ね（森永製菓）

1955
（昭和30年）

朝日新聞社と毎日新聞社が名古屋に中部本社設立（2）、
産業経済新聞社は東京・大阪両本社制をとる（2）、
ラジオ東京がテレビ開局に備え、テレビニュース・短編映画を
制作する「東京テレビ映画」設立（3）、
ワルシャワ条約機構結成/冷戦激化（5）、
東京国際空港（羽田空港）のターミナルビルが開館（5）
広辞苑初版発行（岩波書店）（5）、後楽園遊園地が完成（7）、
米カリフォルニアにディズニーランド開園（7）、
日本電報通信社が社名を株式会社電通と改める（7）、
米テレビ局ABCで『ミッキーマウス・クラブ』が放映開始（10）、
日本電信電話公社が料金前納式の公衆電話機を発売（12）、
神武景気（12）
[メディア]
・新聞：デイリースポーツ東京版（デイリースポーツ社）、
西日本スポーツ（西日本新聞社）、
日刊サンケイ・スポーツ（産業経済新聞社）など発刊
/ 東京日日新聞 休刊
・雑誌：なかよし（講談社）、りぼん（集英社）、週刊東京（東京新聞社）、
モーターマガジン（モーターマガジン社）など創刊
※創復刊48誌、休廃刊33誌
・ラジオ：岐阜放送（現:ラジオ東海）開局
※民放ラジオ 40局（1局増）
・テレビ：ラジオ東京テレビ（現:TBSテレビ）開局
※民放テレビ 2局（1局増）

[流行語]
三種の神器、数量景気、押し屋、セミテン、ノイローゼ、M+W、
不良文化財 など

1950s

1956
(昭和31年)

エルヴィス・プレスリーが『ハートブレイク・ホテル / アイ・ワズ・ザ・ワン』をリリース /チャート 8週間1位に輝く(1)、
「万国著作権条約」加入 /©マークを制定(1)、
コルティナ・ダンペッツォ冬季オリンピック開催/スキー回転で猪谷千春が日本初の銀メダル(1)、日本雑誌協会創立(1)、
NYブロードウェイミュージカル『マイ・フェア・レディ』公演開始(3)、
石原慎太郎小説映画『太陽の季節』(日活)で石原裕次郎デビュー(5)、
横浜・名古屋・京都・大阪・神戸の5市が初の政令指定都市に制定(9)、
エルヴィス・プレスリーが米CBSテレビ『エド・サリヴァン・ショー』に初出演/視聴率82.6%を記録する(9)、
メルボルン夏季オリンピック開催(11)、新宿コマ劇場が開館(12)、
石橋湛山内閣発足(12)

[メディア]
・新聞:東京中日新聞(現:東京中日スポーツ)(中部日本新聞社)発刊
・雑誌:週刊新潮(新潮社)、週刊漫画TIMES(芳文社)、
エラリイ・クイーンズ・ミステリ・マガジン(現:ミステリ・マガジン)(早川書房) など創刊 ※創復刊81誌、休廃刊113誌
・ラジオ:ラジオ山口 開局 ※民放ラジオ 41局(1局増)
・テレビ:NHK福岡放送局、中部日本放送(テレビ)、
大阪テレビ放送(現:朝日放送=ABCテレビ)、
NHK札幌放送局 開局 ※民放テレビ 4局(2局増)

[流行語]
太陽族、抵抗族、愚連隊、ドライ、デイト、もはや戦後ではない など

[トピックス]
ラジオ広告費100億円突破

1957
(昭和32年)

日本の南極越冬隊が南極大陸初上陸(1)、岸信介内閣が成立(2)、
パ・リーグの高橋と大映が合併(2)、
そごう東京店(有楽町そごう)が開店(5)、
東京都の人口がロンドンを抜き世界一(7)、

1950s

糸川英夫東京大学教授らが、初の国産ロケット発射に成功（9）、
ダイエー第1号店（大阪）が開店（9）、
立教大学・長嶋茂雄選手が巨人軍入団（12）、
上野動物園内に日本初のモノレール、上野懸垂線が開業（12）、
NHKラジオがFM放送の試験放送を東京で開始（12）
[メディア]
・雑誌：日本初の女性週刊誌「週刊女性」（河出書房→主婦と生活社）、
日本（講談社）、服装（婦人生活社）など創刊
※創復刊80誌、休廃刊92誌
・ラジオ：※民放ラジオ 41局
・テレビ：3大都市圏以外で初の民放テレビ局北海道放送（HBC）、
NHK金沢放送局 開局 ※民放テレビ 5局（1局増）
[流行語]
神様、仏様、稲尾様、シスター・ボーイ、デラックス、留年 など

1958
（昭和33年）

東京コピーライターズ・クラブ（TCC）発足（1）、
ナンシー梅木氏が日本人初のアカデミー助演女優賞を受賞（3）、
多摩動物公園開園（5）、大阪テレビ放送（現:ABCテレビ）で
日本初のVTR撮影によるテレビドラマ『ちんどん屋の天使』放映（6）、
近畿日本鉄道に2階建て電車ビスタカー（10000系）が登場(7)、
早稲田実業の王貞治投手の巨人軍入団決定（8）、
NACAがNASAに名称変更（10）、
国鉄初のブルートレインとなる「あさかぜ」が運行開始（10）、
皇太子明仁親王と正田美智子さまの婚約発表/ミッチー・ブーム（11）、
東京タワー完成（12）、全日本屋外広告業団体連合会が発足（12）
[メディア]
・新聞：日本工業新聞（日本工業新聞社）復刊、The Yomiuri再発刊
・雑誌：週刊大衆（双葉社）、週刊明星（集英社）、女性自身（光文社）
など創刊 ※創復刊78誌、休廃刊58誌
・ラジオ：大阪放送、ラジオ関東（現:アール・エフ・ラジオ日本）開局
※民放ラジオ 43局（2局増）
・テレビ：山陽放送、西日本放送、讀賣テレビ放送、テレビ西日本、
信越放送、関西テレビ、静岡放送、東海テレビ放送 開局
※民放テレビ 17局（12局増）

[流行語]
なべ底不況、一億総評論家時代、国民車、ながら族、神風タクシー、
ベッドタウン など
[コピー]
寿屋「ヘルメス洋酒 ジン・フィズ」(文藝春秋社)
東洋工業「日本の隅々まで走っている(マツダ三輪トラック)」
(サンデー毎日)

1959
(昭和34年)

キューバ革命(1)、NHK教育テレビの放送開始(1)、
日本テレビがカラーテレビ実験の生放送開始(1)、
日米安保条約改定阻止国民会議結成(3)、日本観光協会発足(4)、
皇太子明仁親王と正田美智子さまがご結婚(4)、
国鉄の修学旅行専用列車「ひので」「きぼう」運行開始(4)、
1964年夏季オリンピック開催地が東京に決定(5)、
首都高速道路公団発足(6)、
朝日放送と大阪テレビ放送が合併し「朝日放送テレビ」が発足(6)
[メディア]
・雑誌:**週刊少年サンデー**(小学館)、**週刊少年マガジン**(講談社)、
朝日ジャーナル(朝日新聞社)、週刊現代(講談社)、
週刊文春(文藝春秋)、週刊平凡(平凡出版) など創刊
※創復刊124誌、休廃刊117誌
・ラジオ:和歌山放送 開局 ※民放ラジオ44局(1局増)
・テレビ:長崎放送、日本教育テレビ(現:テレビ朝日)、
フジテレビジョン、毎日放送、九州朝日放送、東北放送、
NHK大阪放送局教育テレビジョン、札幌テレビ放送、
北日本放送、岩手放送、青森テレビ、沖縄テレビ、
山梨放送 など開局 ※民放テレビ38局(21局増)
[流行語]
岩戸景気、消費革命、消費は美徳、アフターサービス、セクシーピンク、
トランジスタ・グラマー、三当四落、ちゃんねえ、タフガイ など

1960年代

東京オリンピックが1964年に開催。
テレビが全世帯へと普及する。

1960s

1960
(昭和35年)

日米相互協力及び安全保障条約(新安保条約)調印(1)、
KR・CBC・ABC・RKBの4社ネットワーク連盟出現(1)、
スコーバレー冬季オリンピック開催(2)、
世界の広告主順位、東芝18位、松下電器50位を記録(5)、
ソニーが世界初のトランジスタテレビを発売(4)、
安保改定反対デモ(6)、第1次池田勇人内閣成立(7)、
ローマ夏季オリンピック開催(8)、
カラーテレビ本放送開始(9)、
朝日新聞社などにより教育設備助成会(現:ベルマーク教育助成財団)設立(10)、ラジオ東京が東京放送(TBS)に社名変更(11)、
池田首相が所得倍増計画を発表(12)、ベトナム戦争開始(12)

[メディア]

・新聞:東京スポーツ(東京スポーツ新聞社)、
　日経新聞大阪夕刊(日本経済新聞社) 発刊
・雑誌:別冊少年サンデー(小学館) など創刊
　※創復刊133誌、休廃刊73誌
・ラジオ:東海ラジオ放送、ラジオ沖縄 開局
　※民放ラジオ 44局(2局増、2局減)
・テレビ:秋田放送、福井放送、宮崎放送 開局
　※民放テレビ 43局(5局増)

[流行語]

黄金の60年、所得倍増、安保闘争、全学連、インスタント、交通戦争、行動右翼、無い賃ゲールなど

1961
(昭和36年)

横浜マリンタワー開業(1)、米大統領ジョン・F・ケネディ就任(1)、
マッキャン・エリクソン博報堂設立(1)、東急エージェンシー設立(2)、
NHK朝の連続テレビ小説放送開始(4)、
人類初の有人衛星/ソ連宇宙飛行士ガガーリン少佐の名言「地球は青かった」(4)、
アラン・シェパードを乗せたアメリカ初有人宇宙船マーキュリー3号が打ち上げ(5)、
電通がヤング&ルビカムと提携(6)、
東ドイツが東西ベルリンの境界を封鎖/ベルリンの壁を建設(8)、

俳優の三船敏郎がヴェネツィア国際映画祭で最優秀男優賞受賞(9)、
電通PRセンター設立(9)、
国内線初のジェット旅客機（東京-札幌間）が就航（9）、
大関柏戸・大鵬が同時に横綱昇進（柏鵬時代の幕開け）（10）
[メディア]
・雑誌：ミセス（文化服装学院出版局→文化出版局）、
婦人の友（主婦の友社）、ブレーン（誠文堂新光社）など創刊
※創復刊100誌、休廃刊91誌
・ラジオ：※民放ラジオ44局
・テレビ：NHK富山教育テレビジョン開局 ※民放テレビ43局
[流行語]
巨人・大鵬・卵焼き、地球は青かった、物価倍増、交通戦争、
時差出勤、レジャー、中間層、東洋の魔女、現代っ子 など
[コピー]
明治製菓「さわやかな コーラが いっぱい」（幼稚園）
寿屋「洋酒の寿屋が選んだ本場の味（クラウンコーラ）」（週刊平凡）
中外製薬「この一本で元気がいっぱい（グロンサン内服液）」（実業之日本）
[トピックス]
スポットCMが30秒から15秒単位が主流に

1962
（昭和37年）

東京・水道橋に後楽園ホールがオープン（1）、
東京都の人口が世界初の1000万都市に（2）、
アメリカ合衆国が初の宇宙船による地球周回を記録（2）、
ボブ・ディランデビュー（3）、シアトル万国博覧会開催（4）、
西ヨーロッパ12カ国で欧州宇宙研究機構創設（6）、
ジャニーズ事務所創業（6）、
世界体操競技選手権で日本男子団体が初優勝（7）、
アメリカとイギリス・フランス間で初の大陸間衛星中継が成功（7）、
戦後初の国産旅客機が完成（7）、米女優マリリン・モンロー死去（8）、
堀江謙一ヨットで日本人初単独太平洋横断（8）、
視聴率調査会社ビデオリサーチが設立（9）、
阪神が広島戦に勝ち、15年ぶりの優勝（10）
ビートルズレコードデビュー （10）、キューバ危機（10）、
小田急百貨店開店（11）、首都高速道路(京橋-芝浦間)が初開通（12）

[メディア]
・雑誌：週刊TVガイド（東京ニュース通信社）、
週刊少女フレンド（講談社）など創刊
※創復刊102誌、休廃刊97誌
・ラジオ：札幌ラジオ、岐阜放送 開局　※民放ラジオ46局（2局増）
・テレビ：名古屋放送（現:名古屋テレビ放送[メ〜テレ]）、
広島テレビ放送、仙台放送 開局
※民放テレビ46局（3局増）
[流行語]
安中派・安後派、無責任（時代）、青田刈り、産業スパイ、分っちゃいるけどやめられない など
[コピー]
日立製作所「日立キーテレフォンで一人に一台」（アサヒグラフ）
モービル石油「世界最初の自動車もモービルで走った」（アサヒグラフ）
鋼材倶楽部「新しい道」（アサヒグラフ）
[トピックス]
日本のテレビ受信契約者が1000万突破（普及率48.5%）
トヨペット・コロナ（ドラム缶）カラーCM第1号
コカコーラCMソングを使った販売戦略開始

1963（昭和38年）
日本国産テレビアニメ第1号『鉄腕アトム』放映開始（1）、
石原プロモーション設立（1）、
NHK総合テレビで大河ドラマが放送開始（4）、
大阪駅前に日本初の横断歩道橋設置（4）、観光基本法公布（6）、
太田プロダクション設立（7）、
日本初の高速道路・名神高速道路(栗東-尼崎)が開通（7）、
ケネディ米大統領暗殺(11)、日米間の衛星中継実験に初成功(11)、
力道山死去（12）
[メディア]
・雑誌：週刊女性セブン（小学館）、週刊マーガレット（集英社）、
週刊少年キング（少年画報社）、プレジデント（プレジデント社）、
太陽（平凡社）、ヤングレディ（講談社）など創刊
※創復刊96誌、休廃刊81誌
・ラジオ：栃木放送、茨城放送 開局　※民放ラジオ48局（2局増）
・テレビ：福島テレビ、NHK甲府放送局、

宮崎放送局教育テレビジョン 開局
※民放テレビ47局（1局増）
[流行語]
流通革命、バカンス、平均的ニッポン人、
“BG”から“OL”へ、お呼びでない、ガチョン など
[コピー]
サッポロビール「本場の味」（文藝春秋）
東海銀行「一本のタバコが灰になる前に…」（実業之日本）
アンネ「心配のない5日間 S・5（パンネット）」（女性セブン）
[トピックス]
自由世界30国の中で広告費の増加率、日本が第1位（IAAの調査）
東京中日新聞“オリンピック協賛・カラー広告シリーズ”開始

1964
（昭和39年）

インスブルック冬季オリンピック開催（1）、
早川電機工業が世界初のオールトランジスタ電卓「CS-10A」を発表（3）、
よみうりランドが開園（3）、**日本人の海外観光渡航自由化**（4）、
ニューヨーク万国博覧会開催（4）、
BASIC言語のコンピュータプログラムが初めて実行（5）、
新潟地震発生（6）、サンフランシスコ・ジャイアンツの村上雅則が
日本人初のメジャーリーガーに（8）、
日本人の国際運転免許証が利用可能（9）、東京モノレール開業（9）、
読売新聞が西部本社で九州に発行開始（9）、
阪神タイガース、セ・リーグ優勝（9）、
東海道新幹線（東京-新大阪間）開業(10)、
テレビ西日本がNNN系列からFNN系列にネットチェンジ（10）、
日本武道館開館(10)、
東京夏季オリンピック開催（10）、
公明党発足(11)、仙台空港開港(11)、佐藤榮作内閣発足(11)、
ソニーが業界初の家庭用ビデオテープレコーダを発売(11)、
米火星探査機を打ち上げ（11）、駒沢オリンピック公園開園（12）
[メディア]
・雑誌：WEEKLY平凡パンチ（平凡出版→マガジンハウス）、
「月刊漫画ガロ」（青林堂）、「DELICA」（千趣会）など創刊
※創復刊121誌、休廃刊45誌

1960s

・ラジオ：※民放ラジオ 48局
・テレビ：日本科学技術振興財団（現:テレビ東京）開局
※民放テレビ 48局（1局増）
[流行語]
黒字倒産、ムード不況、東京砂漠、ウルトラC、いい線いってるね など
[コピー]
本田技研工業「世界の ナイセスト ピープル ホンダ に乗る」（毎日グラフ）
日本電信電話公社「東京・京阪神をダイヤル直通でむすびます」（サンデー）

1960s

1965
（昭和40年）

中部日本新聞が中日新聞に題号を改題（1）、
日本航空が「ジャルパック」を発売/海外旅行の大衆化へ（1）、
米軍による北ベトナム爆撃（北爆）開始（2）、
ソ連のアレクセイ・レオーノフ中佐、人類初の宇宙遊泳（3）、
大手新聞社各社が日曜日の夕刊発行を休止（4）、
日本初の国産旅客機YS-11が就航（4）、
4コマ漫画『フジ三太郎』が朝日新聞夕刊で連載開始（4）、
文化放送・ニッポン放送等の民放ラジオ局で構成される
全国ラジオネットワーク（NRN）発足（5）、
国鉄スワローズがフジサンケイ新聞とフジテレビに売却され、
サンケイスワローズに改称（5）、日本サッカーリーグが開幕（6）、
東京交通会館が完成（6）、名神高速道路が全線（小牧-西宮間）開通（7）、
シンガポールがマレーシアから独立（8）、
TBS『オバケのQ太郎』放送開始（8）、
'70 日本万国博覧会の大阪開催が決定（9）、
日本初のカラーアニメ『ジャングル大帝』（フジテレビ）が放送開始（10）、
F1メキシコ GPでホンダが初優勝（10）、中国文化大革命（11）、
プロ野球第1回ドラフト会議（11）、
米宇宙船ジェミニ 6-A号と7号が初のランデブー飛行に成功（12）、
名阪国道開通（12）
[メディア]
・雑誌：宝石（光文社）、話の特集（日本社→話の特集）など創刊
※創復刊61誌、休廃刊 58誌
[流行語]
明治百年、戦後二十年、ベ平連、夢の島、、宇宙遊泳、国定メニュー、
ジャルパック、T・P・O など

[コピー]
朝日麦酒「缶切りよ、さようなら(プルトップ缶入りアサヒ)」(平凡パンチ)
[ノーベル賞]
朝永振一郎のノーベル物理学賞受賞が決定
[トピックス]
団塊の世代がハイティーンに成長し、10代の三種の神器は、
エレキギター、レコード、テープレコーダーとなる

1966
(昭和41年)

ソ連の無人月探査機が初の月面軟着陸に成功(2)、
シチズン時計が日本初の電子腕時計「X-8」を発売(3)、
日本の総人口1億人突破(3)、
日本テレビをキー局とするニュースネットワーク・NNNが発足(4)、
京葉道路開通(4)、日本初のコインランドリーが開店(5)、
日本テレビ『笑点』放送開始(5)、ビートルズ来日(6)、
東京新国際空港の建設予定地が成田に決定(7)
上越線新清水トンネルが貫通(8)、天草五橋開通(9)、
フジテレビをキー局とするニュースネットワーク・FNNが発足(10)、
国立劇場開場(11)、
早川電機工業がターンテーブル式家庭用電子レンジ発売(12)、
ウォルト・ディズニー氏が死去(12)
[メディア]
・雑誌:週刊プレイボーイ(集英社)、FM fan(共同通信社)、
TVガイド関西版(東京ニュース通信社)など創刊
※創復刊134誌、休廃刊41誌
[流行語]
黒い霧、物価戦争、新三種の神器(3C)、人材銀行、教育パパ、
大河マンガ など
[コピー]
サントリーレッド「七人の酒徒」(週刊文春)
富士写真フイルム「くらべてください!(フジカラーR100)」(アサヒカメラ)
東邦レーヨン「ポイントは ただ さりげなく 着こなすこと(べスロン)」(ヤングレディ)
[トピックス]
新三種の神器「3C(カー・クーラー・カラーテレビ)」
※因みに旧三種の神器「白黒テレビ・電気洗濯機・電気冷蔵庫」

1960s

1967
(昭和42年)

KDDが日米間の通信衛星中継業務を開始（1）、
第2次佐藤榮作内閣発足（2）、
阪急千里線北千里駅で日本初の自動改札機が設置（3）、
日本航空、世界一周線の運航開始（3）、
東京キー局、カラーテレビ本放送開始（4）、
モントリオール万博開催「人間とその世界」（4）、
ロンドン・バークレーズ銀行に世界初のCD機が設置（6）、
東京放送系ラジオ深夜番組「パック・イン・ミュージック」放送開始（7）、
東南アジア諸国連合（ASEAN）結成（8）、
東京新聞社が東京新聞の編集・発行を中部日本新聞社に委譲（9）、
ニッポン放送系ラジオ深夜番組『オールナイトニッポン』放送開始（10）、
日本初の寝台電車が運行（10）、ツイッギー来日でミニスカートブーム（10）、
羽田学生デモ（10）、東急百貨店本店が開店（11）、
小田急百貨店新宿店が開店（11）、
第2次佐藤榮作内閣第1次改造内閣発足（11）、
日本のGNP自由経済圏中第3位に（12）、
沖縄でのテレビ本放送を開始（12）

[メディア]
・雑誌：週刊漫画アクション（双葉社）、月刊ヤングコミック（少年画報社）、パンチoh！（平凡出版）など創刊
※創復刊109誌、休廃刊47誌

[流行語]
中流意識、戦無派、大きいことはいいことだ、核家族、マイカー族、ヒッピー・フーテンなど　・グループサウンズブーム

[コピー]
富士重工業「運転のやさしいクルマってどんなクルマ？（スバル360）」（女性自身）

1968
(昭和43年)

プラハの春（1）、佐藤榮作首相が国会で非核三原則に触れる（1）、
東大闘争始まる（1）、グルノーブル冬季オリンピック大会が開幕（2）、
金嬉老事件（2）、読売テレビのアニメ『巨人の星』放送開始（3）、
キング牧師暗殺（4）、日本初の超高層ビル・霞が関ビルディング完成（4）、
東名高速道路と名神高速道路が接続（4）、西武百貨店渋谷店開店（4）、
NHKラジオ受信料を廃止（5）、全民放テレビ局がカラー化（5）、

小笠原諸島の日本復帰（6）、郵便番号制度実施（7）、
プラハの春・ワルシャワ会談（7）、
日本初のスタジアムライブをザ・タイガースが後楽園球場で開催（8）、
国鉄が東京地区・大阪地区に自動券売機を導入（10）、
メキシコシティー夏季オリンピック開催（10）、
全日本ネオン協会発足（10）、
フジテレビの歌謡番組『夜のヒットスタジオ』が放送開始（11）、
皇居新宮殿が落成（11）、第2次佐藤榮作第2次改造内閣発足（11）、
3億円事件（12）

[メディア]
・雑誌：月刊プレイコミック（秋田書店）、**少年ジャンプ**（集英社）、
　週刊セブンティーン（集英社）、
　月刊ビッグコミック（小学館） など創刊
　※創復刊138誌、休廃刊55誌
・テレビ：テレビ静岡、新潟総合テレビ、北海道テレビ放送 開局
　※民放テレビ 53局（5局増）
[流行語]
いざなぎ景気、ノンポリ、サイケ（サイケデリック）、ハレンチ、
情報化社会、スチューデントパワー、アングラ、大衆団交 など
[コピー]
富士重工業「東のスバル 西のワーゲン」（月刊現代）
東洋レーヨン「服務規定改正の件（カラーシャツ）」（小説新潮）
VANヂャケット「ヴァンのボタンダウン カーブ」（メンズ・クラブ）
[ノーベル賞]
川端康成がノーベル文学賞受賞

1969
（昭和44年）

東大安田講堂攻防戦（1）、NHK-FM放送、本放送開始（3）、
西名阪自動車道が全線開通（3）、
UHF（アナログ）を親局とする民放テレビ局が各地に開局（4）、
フジテレビジョンをキーとするフジネットワーク（FNS）発足（4）、
日本広告業協会発足（5）、東名高速道路が全区間開通（5）、
ラジオ深夜番組「セイ！ヤング」スタート（6）、
日本のGNP(国民総生産)が西ドイツを抜いて世界第2位に（6）、
米宇宙船アポロ11号月面着陸（7）、箱根彫刻の森美術館開館（8）、
TBS『水戸黄門』放送開始（8）、松竹映画『男はつらいよ』公開（8）、

新東京国際空港建設開始（9）、東京・赤坂に赤坂東急ホテルが開業(9)、
宇宙開発事業団(NASDA)発足（10）、
TBS『8時だョ！全員集合』が放送開始（10）、
フジテレビ系のアニメ『サザエさん』放送開始（10）、
ARPANET（インターネットの原型）が登場（10）、
パルコ1号店（池袋）オープン（11）、
住友銀行（現:三井住友銀行）が日本初のCD機2店に設置（12）、
民放初のFM放送開始（12）
[メディア]
・新聞：タブロイド紙「夕刊フジ」（産業経済新聞社）発刊
・雑誌：日経ビジネス（日経マグロウヒル社→日経BP社）、
　　　週刊ポスト（小学館）、諸君！（文藝春秋）、ユリイカ（青土社）、
　　　週刊少年チャンピオン（秋田書店）など創刊
　　　※創復刊116誌、休廃刊56誌
・ラジオ：愛知音楽エフエム放送(現:エフエム愛知）開局
　　　※民放ラジオ49局（1局増）
・テレビ：サンテレビジョン、福井テレビジョン放送、秋田テレビ、
　　　三重テレビ放送、青森テレビ、テレビ岩手、
　　　愛媛放送（現:テレビ愛媛）開局
　　　※民放テレビ71局（18局増）
[流行語]
エコノミックアニマル、Oh！モーレツ！、全共闘、やったぜベイビー、
オヨビでない、柔構造社会、、モラトリアム、サヨナラの総括 など
[コピー]
武田薬品工業「ガンバレ！大正生まれ…（強力フローミン）」（週刊読売）
野村證券「お嫁さん2万5千円のお給料からでもハワイ旅行費はつくれますよ」（女性自身）

1970年代

大阪万博が1970年に開催。映画業界が衰退する一方でテレビ黄金期を迎える。

1970
(昭和45年)

早川電機工業がシャープに社名変更(1)、
日本教育テレビをキー局とするニュースネットワークANNが発足(1)、
ヤクルト本社が産経新聞社からアトムズを買収し、ヤクルトアトムズに(1)、
第3次佐藤榮作内閣発足(1)、大関玉の海・北の富士横綱昇進(1)、
東京ケーブルビジョン発足(1)、
東大宇宙航空研究所が初の国産人工衛星「おおすみ」の打ち上げ成功(2)、
日本万国博覧会(大阪万博)開催「人類の進歩と調和」(3)、
日本航空機よど号ハイジャック事件(3)、
後楽園球場改修・全電光式スコアボード設置と収容席増(4)、
テレビ朝日の100%子会社エヌ・イー・ティー音楽出版設立(4)、
民放8局がアナログUHFを開局(4)、ビートルズ解散(4)、
アポロ13号打ち上げ(4)、植村直己・松浦輝夫がエベレスト登頂(5)、
日本の呼称を「ニッポン」に統一(7)、
歩行者天国が銀座、池袋、浅草で実施(8)、
東芝が世界最小のVTR発表(8)、
植村直己が世界初の五大陸最高峰登頂者となる(8)、
国鉄が「DISCOVER JAPAN」キャンペーン開始(10)、
日立カラーテレビ「キドカラー」「ポンパ」の宣伝イベント列車を運行(10)、
ソ連の月面車が月に着陸(11)、
ケンタッキー・フライド・チキン 1号店(名古屋名西)オープン(11)、
三島由紀夫割腹自殺(11)、第1回「雑誌広告の日」(11)、
ソ連の宇宙探査機が金星に着陸(12)

[メディア]

・雑誌：**an・an**(平凡出版→マガジンハウス)、
月刊エコノミスト(毎日新聞社)など創刊
※創復刊133誌、休廃刊63誌

・ラジオ：大阪音楽エフエム放送(現:エフエム大阪)、
エフエム東京、福岡エフエム音楽放送(現:エフエム福岡)
開局　※民放ラジオ52局(3局増)

・テレビ：宮城テレビ放送(ミヤギテレビ)、広島ホームテレビ、
山形テレビ 開局　※民放テレビ81局(10局増)

[流行語]
モーレツからビューティフルへ、ディスカバー・ジャパン、
ウーマン・リブ、光化学スモッグ、ヘドロ、歩行者天国、
フリーセックス、ハイジャック など
[コピー]
資生堂「若い肌が70年代を左右する(MG5)」(週刊新潮)
高砂熱学工業「オフィスレディの唇があれていませんか?」(サンデー毎日)
いすゞ自動車「本格グランツーリスモついに登場!(ベレット1600 GTR)」(毎日グラフ)
資生堂「真夏の美しさは日やけから。ブロンズにやくサンオイル」(ヤングレディ)

1970s

1971
(昭和46年)

ニッポン放送で糸居五郎が『50時間マラソンジョッキー』実施(1)、
ザ・タイガースが日本武道館で解散コンサート(1)、
朝日放送『新婚さんいらっしゃい!』放映開始(1)、
アメリカ、テレビ・ラジオでタバコCMが全面禁止(1)、
アポロ14号月面着陸(2)、NASDAQ証券取引開始(2)、
フジテレビ系列『ゴールデン洋画劇場』放映開始(4)、
毎日放送『仮面ライダー』放映開始(4)、
瓶ビールの自動販売機が登場(4)、
ソ連が世界初の宇宙ステーション打ち上げ(4)、
営団地下鉄千代田線(綾瀬駅-北千住駅間)開業(4)、
ミスタードーナツ1号店(大阪箕面)オープン(4)、
新宿副都心の超高層ビル第1号京王プラザホテルが開業(6)、
ソ連の宇宙船ソユーズ11号事故(6)、環境庁発足(7)、
第3次佐藤榮作改造内閣発足(7)、
マクドナルド1号店(東京銀座)オープン(7)、
ニクソン・ショック(ドルショック)(8)、円変動相場制移行(8)、
米フロリダ州にウォルト・ディズニー・ワールド・リゾート開園(10)、
日本テレビ『スター誕生!』放映開始(10)、
NHK総合テレビが全放送のカラー化を開始(10)、
日活ロマンポルノの第1作公開(11)、
ソ連の火星探査機マルス3号が火星着陸に成功(12)、
第3次印パ戦争(12)、大映倒産(12)

[メディア]
・新聞：日経流通新聞（日本経済新聞社）、
　　　　サンケイリビング新聞（サンケイリビング新聞社）発刊
・雑誌：シティロード（エコー企画）、週刊FM（音楽之友社）、
　　　　微笑（祥伝社）、**non-no**（集英社）、テレビマガジン（講談社）、
　　　　FMfan（共同通信社）など創刊 ※創復刊155誌、休廃刊71誌
・テレビ：群馬テレビ、千葉テレビ放送 開局　※民放テレビ83局（2局増）
[流行語]
経済大国、日本株式会社、ドルショック、脱サラ、東京ゴミ戦争 など
[コピー]
サントリー「同時封切り。（サントリーホワイト）」（朝日ジャーナル）
[トピックス]
ラジオ深夜放送、DJによるパーソナリティー路線へ

1972
(昭和47年)

元日本兵横井庄一米グアム島で救出（1）、
札幌冬季オリンピック開催（2）、あさま山荘事件（2）、
米惑星探査機「パイオニア10号」打ち上げ（3）、
モスバーガーの第1号実験店舗（成増）が開店（3）、
山陽新幹線（新大阪駅-岡山駅間）開業（3）、高松塚古墳発見（3）、
札幌・川崎・福岡の3市が政令指定都市に（4）、
日本テレビ『水曜ロードショー』放映開始（4）、沖縄返還（5）、
田中角栄通産相「日本列島改造論」発表（6）、
コンコルドが東京国際空港に着陸（6）、第1次田中角栄内閣発足（7）、
日本テレビ『太陽にほえろ!』放送開始（7）、
ダイエーが三越を抜いて小売業界第1位に（8）、
ミュンヘン夏季オリンピック開催（8）、
朝日放送『必殺仕掛人』放送開始（9）、**日中国交正常化**（9）、
東名高速道路と中央自動車道が直結（10）、
上野動物園にジャイアントパンダランラン・カンカンが来園（10）、
アポロ17号打ち上げ「アポロ計画」終了（12）
[メディア]
・雑誌：**ぴあ**（ぴあ）、ロードショー（集英社）、
　　　　rockin'on（ロッキング・オン）、日経メディカル（日本BP社）、
　　　　ビッグコミックオリジナル（小学館）など創刊
　　　　※創復刊147誌、休廃刊96誌

・テレビ：北海道文化放送、テレビ神奈川、びわ湖放送 開局
※民放テレビ 86局（3局増）
[流行語]
列島改造論、角福戦争、知る権利、ワーカホリック、未婚の母、お客様は神様です など
[コピー]
松下電器産業「現在つき合っている3人のうち、ダレが本命？」（週刊女性）
[トピックス]
カラーテレビがモノクロテレビの普及率を超える

1970s

1973（昭和48年）

大関琴櫻が横綱に昇進（1）、東映フライヤーズが日拓ホームへ譲渡（2）、為替レートが変動相場制に移行（2）、名古屋放送（現:名古屋テレビ放送）と中京テレビ放送でテレビネットワーク再編（4）、全国銀行データ通信システム稼動（4）、振替休日制の導入（4）、米スカイラブ 1号打ち上げ（5）、山口百恵歌手デビュー （5）、中日スタジアムが倒産（5）、大関輪島が横綱に昇進（5）、NHKホール（渋谷）落成（6）、ブルース・リーが死去（7）、宝塚歌劇団『この恋は雲の涯まで』上演（7）、金大中事件（8）、第4次中東戦争（10）、第四次中東戦争でオイルショック（10）、日本教育テレビ（現:テレビ朝日）と東京12チャンネル（現:テレビ東京）が総合番組局へ移行（11）、NASAがマリナー 10号を水星に打ち上げ（11）、日拓ホームフライヤーズが日本ハムに売却・日本ハムファイターズへ（11）、第2次田中角栄内閣第1次改造内閣発足（11）
[メディア]
・新聞：サンケイ経済版（産業経済新聞社）、日経産業新聞（日本経済新聞社）発刊
・雑誌：JUNON（主婦と生活社）、詩とメルヘン（サンリオ）、るるぶ（日本交通公社）など創刊　※創復刊157誌、休廃刊90誌
・テレビ：奈良テレビ放送 開局　※民放テレビ 87局（1局増）
[流行語]
オイルショック、節約は美徳、経済速度40キロ、いったい日本はどうなるのだろうか、知識集約産業、シルバーシート など

[コピー]
東海銀行「ご主人をだいじにする事とボーナスをだいじにする事は一緒です。」（主婦と生活）
松下電器産業「明日はコンペ」（毎日グラフ）
[トピックス]
広告業が1兆円産業に成長/日本国内の出生数ピーク（209万人）
[ノーベル賞]
江崎玲於奈がノーベル物理学賞

1974（昭和49年）

日本短波放送（現:日経ラジオ社）のBCL番組放送開始（1）、
軍艦島が炭鉱閉鎖（1）、新宿住友ビル竣工（3）、
元日本兵小野田寛郎フィリピン・ルバング島で救出（3）、
ガッツ石松がWBC世界ライト級王者に（4）、
サーティワンアイスクリーム1号店（東京目黒）オープン（4）、
在京テレビ5社に対する全国紙5社の資本系列化構想完成
(NTV-読売・TBS-毎日・フジテレビ-産経・NET-朝日・東京12ch-日経)（4）、
セブン-イレブン第1号店（東京豊洲）を出店（5）、
大阪市営地下鉄谷町線（都島駅-東梅田駅間）開業（5）、
FIFAワールドカップ西ドイツ大会開催（6）、
4コマ漫画『アサッテ君』が毎日新聞朝刊で連載開始（6）、
国土庁が設置（6）、北の湖が横綱昇進（7）、ニクソン大統領辞任（8）、
日本広告審査機構（JARO）設立（8）、
宝塚『ベルサイユのばら』公演（8）、田中角栄金脈問題（10）、
長嶋茂雄引退/「わが巨人軍は永久に不滅です」（10）、
気象庁がアメダス運用開始（11）、
大阪の朝日放送（ABC）がNET系列に毎日放送（MBS）が
TBS系列にネットチェンジ（11）、三木武夫内閣発足（12）
[メディア]
・雑誌：花とゆめ（白泉社）、ビックリハウス（パルコ出版）、
FMレコパル（小学館）、野性時代（角川書店）、
文藝春秋デラックス（文藝春秋）、GORO（小学館）など創刊
※創復刊132誌、休廃刊110誌
・テレビ：テレビ和歌山 開局　※民放テレビ88局（1局増）
[流行語]
ゼロ成長、狂乱物価、便乗値上げ、インフレ目減り、金脈と人脈 など

[コピー]
サントリー「夜がくるたび、アンコール(サントリーホワイト)」(アサヒ芸能)
ラングラージャパン「ちかごろのR・レッドフォードは、私好みじゃなくなった。ラングラーギャルズ」(an・an)
[トピックス]
1973年の世界広告業取扱い高、電通世界第1位に(アド・エイジ誌)
[ノーベル賞]
佐藤榮作がノーベル平和賞受賞

1970s

1975
(昭和50年)

毎日放送系でテレビアニメ『まんが日本昔ばなし』放送開始(1)、
山陽新幹線(岡山駅-博多駅間)開業(3)、米マイクロソフト設立(4)、
テレビ朝日系『パネルクイズアタック25』放送開始(4)、
キャロルが解散(4)、ベトナム戦争終結(4)、
田部井淳子が女性として世界初のエベレスト登頂成功(5)、
ソニー家庭用ビデオデッキ(ベータマックス)発売(5)、
沢松和子・アン清村組がウィンブルドン・テニス女子ダブルス優勝(7)、
ソ連宇宙船ソユーズ19号とアメリカ宇宙船アポロ18号が史上初の国際ドッキングに成功(7)、沖縄国際海洋博覧会開催(7)、
日本初の大規模(5万人以上)野外オールナイトライブ『吉田拓郎・かぐや姫コンサート インつま恋』開催(8)、
7大都市圏の民放4局化完了(10)
[メディア]
・新聞:日刊ゲンダイ(日刊現代社)、中部讀賣新聞(中部読売新聞社)発刊
・雑誌:PLAYBOY日本版(集英社)、**JJ**(光文社)、mimi(講談社)、週刊就職情報 首都圏版(日本リクルートセンター)など創刊
※創復刊175誌、休廃刊69誌
・テレビ:東日本放送(NET系)、テレビ新広島(フジテレビ系)開局
※民放テレビ90局(2局増)
[流行語]
ニュートラ(ニュー・トラディショナル)ブーム、
世界同時不況、「総不況」時代、ニューライフファミリー、魔女狩り など

1976
(昭和51年)

TBS『クイズダービー』放送開始(1)、
大和運輸(現:ヤマトホールディングス)が「宅急便」を開始(1)、
コンコルド定期運航を開始(1)、テレビ朝日系『徹子の部屋』放送開始(2)、
インスブルック冬季オリンピック開幕(2)、
後楽園球場に日本初の人工芝登場(3)、アップルコンピュータ設立(4)、
植村直己が北極圏犬ゾリ横断達成(5)、
日本武道館でアントニオ猪木対モハメド・アリ異種格闘技戦開催(6)、
ほっかほっか亭1号店(埼玉草加)オープン(6)、
アップルコンピュータがコンピュータ「Apple I」の販売開始(7)、
モントリオール夏季オリンピック開催(7)、ピンク・レディーデビュー(8)、
三木武夫改造内閣発足(9)、中国毛沢東主席死去(9)、
太平洋クラブ・ライオンズがクラウンライター・ライオンズに球団名変更(10)、
富士スピードウェイで日本初のF1日本グランプリ開催(10)、
東急ハンズが1号店(神奈川藤沢)オープン(11)、福田赳夫内閣発足(12)
[メディア]
・新聞:日本海新聞(日本海新聞社)復刊
・雑誌:**POPEYE**(平凡出版→マガジンハウス)など創刊
※創復刊196誌、休廃刊84誌
[流行語]
ロッキード不況、汚職列島、記憶にございません など
[コピー]
不二家「パラソルのうたが、きこえるよ。(パラソルチョコレート)」
(たのしい幼稚園)

1977
(昭和52年)

日本教育テレビが全国朝日放送に社名変更し総合テレビ局に(4)、
ブロードウェイで『アニー』初演(4)、日本の領海を12海里と定める(7)、
日本初の静止気象衛星「ひまわり」打ち上げ(7)、王貞治国民栄誉賞(9)、
白黒テレビ放送が廃止(10)、福田赳夫改造内閣発足(11)、
チャールズ・チャップリン死去(12)
[メディア]
・雑誌:コロコロコミック(小学館)、月刊ASCII(アスキー)、
angle(主婦と生活社)、**MORE**(集英社)、
クロワッサン(平凡出版→マガジンハウス)、
プチセブン(小学館)など創刊 ※創復刊190誌、休廃刊106誌

[流行語]
黒字減らし、中道、超法規、ドラフト、普通の女の子に戻りたい など
[コピー]
カネボウ「どんなに素肌を守る新製品か。サンケーキで落書きテストをすると、はっきりします。」(an・an)

1978
(昭和53年)

テレビ朝日『暴れん坊将軍』放送開始(1)、TBS『ザ・ベストテン』放送開始(1)、
国電(東京・大阪)に車内ステッカー登場(3)
キャンディーズ後楽園球場コンサートで解散(4)、横浜スタジアムが完成(4)、
超高層ビル「サンシャイン60」が開館(4)、
第1回「日本アカデミー賞」(4)、新東京国際空港(成田)開港(5)、
FIFAワールドカップアルゼンチン大会開催(6)、
サザンオールスターズ『勝手にシンドバッド』でメジャーデビュー(6)、
古賀政男に国民栄誉賞(8)、日中平和友好条約調印(8)、
東芝が世界初の日本語ワードプロセッサを発表(9)、
日本テレビが世界初の音声多重放送開始(9)、
国土計画がクラウンライター・ライオンズを買収・西武ライオンズに(10)、
青木功が世界マッチプレー選手権で初優勝(10)、
第1次大平正芳内閣発足(12)
[メディア]
・雑誌:Fine(日之出出版)など創刊　※創復刊165誌、休廃刊98誌
・ラジオ:極東放送 開局　※民放ラジオ53局(1局増)
・テレビ:静岡県民放送(現:静岡朝日テレビ)開局
※民放テレビ91局(1局増)
[流行語]
ハマトラブーム、ディスコブーム、
フィーバー、君のひとみは10000ボルト、不確実性の時代、
バカにしないでよ、映画は原作をしのげる、ワン・パターン など

1979
(昭和54年)

テレビ朝日『象印クイズ ヒントでピント』放送開始(3)、
日本テレビ『ズームイン!!朝!』放送開始(3)、
テレビ朝日『ドラえもん』スタート(4)、
TBS視聴者参加型番組『クイズ100人に聞きました』放送開始(4)、
西武ライオンズ球場完成(4)、**SHIBUYA109オープン**(4)、
イギリスサッチャー首相就任(5)、

1970s

日本で最初の主要国首脳会議「東京サミット」開催(6)、
ソニー「ウォークマン」発売(7)、大関・三重ノ海横綱昇進(7)、
TBS系『3年B組金八先生』放送開始(10)、
第2次大平正芳内閣発足(11)、第1回東京国際女子マラソンが開催(11)、
日本電信電話公社が自動車電話サービスを東京23区で開始(12)
[メディア]
・雑誌:Hot-Dog PRESS(講談社)、広告批評(マドラ出版)、
ヤングジャンプ(集英社)、My Bithday(実業之日本社)など創刊
※創復刊195誌、休廃刊76誌
・テレビ:テレビ埼玉、静岡第一放送 開局
※民放テレビ93局(2局増)
[流行語]
カラ○○(出張、会議、超勤、接待、伝票、勤務、反省)、働き中毒の国、
公費天国パーティ、**スペース・インベーダーゲーム**、関白宣言 など
[コピー]
日産自動車「新しい時代の鼓動がきこえる、フェアレディZ新型。」(GORO)
トヨタ自動車「関取、ディーゼルにどうぞ(ディーゼル・クラウン)」(週刊現代)
ワールド「だ〜いすきな服、おはよう!」(セサミ)
パイオニア「Lonesome Car-boy(カーステレオ)」(GORO)
レナウン「レリアンだから、大人の着こなし。」(家庭画報)
サントリーオールド「跳びながら一歩ずつ歩く。(サントリーオールド)」(週刊朝日)

1980年代

バブル景気に突入する。男女雇用機会均等法が1986年に施行、様々なカルチャーが誕生。

1980s

1980
(昭和55年)

ヒューレット・パッカード社がパーソナルコンピュータを発表(1)、
レークプラシッド冬季オリンピック(2)、
広島市が政令指定都市に(4)、松田聖子デビュー (4)、
新宿駅前にデジタルサイネージ「アルタビジョン」登場(4)、
1億円拾得事件(4)、
任天堂が初の携帯型ゲーム機「ゲーム&ウオッチ」発売(4)、
黒澤明監督「影武者」がカンヌ映画祭グランプリを受賞(5)、
モスクワ夏季オリンピックに日本不参加(5)、大平首相急死(6)、
気象庁、東京都内の降水確率予報を開始(6)、鈴木善幸内閣発足(7)、
モスクワ夏季オリンピックが開幕(7)、
ハイアットリージェンシー東京が開業(9)、
山口百恵が日本武道館で引退コンサート(10)、
ジョン・レノン銃殺事件(12)

[メディア]

・雑誌:BIG tomorrow (青春出版社)、Sports Graphic Number (文藝春秋)、**BRUTUS** (マガジンハウス)、**COSMOPOLITAN日本版**(集英社)、ヤングマガジン(講談社)、**25ans** (婦人画報社→ハースト婦人画報社)、とらばーゆ(日本リクルートセンター→リクルート)、ビックコミックスピリッツ(小学館)、Popteen (富士見書房→角川春樹事務所) など創刊
※創復刊235誌、休廃刊107誌

・ラジオ:※民放ラジオ 53局

・テレビ:テレビ信州 開局　※民放テレビ 94局(1局増)

[流行語]

トカゲのシッポ、不快感、バカラ、カラスの勝手でしょ、インベーダー、時代が僕を生んだ、ヘッドホン族 など / ソニー 「ウォークマン」ヒット

[コピー]

ユニチャーム「生理があるから愛が生まれる」(non-no)
資生堂「あざやかに、しなやかに(サイモンピュア)」(女性セブン)
味の素ゼネラルフーズ「コーヒーも役者の小道具なんだ。」(クロワッサン)

[トピックス]
初婚平均年齢夫27.8歳、妻25.2歳
日本の自動車生産台数が世界第1位

1981
(昭和56年)

ロナルド・レーガン米大統領就任(1)、
日本劇場が閉館(2)、ローマ教皇初来日(2)、
神戸市でポートピア'81が開幕(3)、第1回ロンドンマラソン開催(3)、
後楽園球場でピンク・レディーがラストコンサート(3)、
スペースシャトルが初の宇宙ミッションへ(4)、
マザー・テレサが初来日(4)、
フジテレビ『オレたちひょうきん族』放送開始(5)、
英チャールズ皇太子とダイアナ・スペンサー結婚(7)、
IBMがマイクロソフトのDOS搭載の「IBM PC」を発表(8)、
ルイ・ヴィトン日本法人設立(8)、
東京12チャンネルがテレビ東京に社名変更(10)、
ラジオ関東がアール・エフ・ラジオ日本と社名変更(10)、
フジテレビ『なるほど!ザ・ワールド』放送開始(10)、
鈴木善幸改造内閣発足(11)
[メディア]
・雑誌：週刊宝石(光文社)、FOCUS(新潮社)、
FM STATION(ダイヤモンド社)、BE-PAL(小学館)、
Newton(教育社→ニュートンプレス)、
ダ・カーポ(平凡出版→マガジンハウス)、
Living Book(現『ESSE』・リビングマガジン→扶桑社)、
CanCam(小学館)、with(講談社)など創刊
※創復刊184誌、休廃刊126誌
・テレビ：テレビ新潟、福島放送 開局 ※民放テレビ96局(2局増)
[流行語]
ナウい、よろしいんじゃないですか、ぶりっ子、ロリコン など
[コピー]
トヨタ自動車販売「WAGON People」(POPEYE)
パイオニア「Runaway(ステレオ)」(写楽)
[ノーベル賞]
福井謙一がノーベル化学賞受賞

1982
(昭和57年)

第1回大阪国際女子マラソン開催/全国ネットの中継実施(1)、
4コマ漫画『コボちゃん』が読売新聞朝刊で連載開始(4)、
中森明菜デビュー(5)、FIFAワールドカップスペイン大会開催(6)、
フィリップスが世界初のCDを製造(8)、
国鉄のリニアモーターカーが世界初の有人浮上走行実験成功(9)、
ソニーが世界初のCDプレーヤー発売(10)、
フジテレビ系『森田一義アワー 笑っていいとも!』放送開始(10)、
中央自動車道が全線開通(11)、
上越新幹線(大宮駅-新潟駅間)開業(11)、
第1次中曽根康弘内閣発足(11)、米映画『E.T.』日本で公開(12)、
テレホンカード発売(12)、
DCブランドブーム

[メディア]
・新聞:道新スポーツ(北海道新聞社)発刊
・雑誌:ザ・テレビジョン(角川書店)、OMNI(旺文社)、
UTAN(学習研究社)、Quark(講談社)、
monoマガジン(ワールドフォトプレス)、
Olive(平凡出版→マガジンハウス)、
marie claire(中央公論社→ハースト婦人画報社)、
ELLE JAPON(平凡出版→ハースト婦人画報社)、
Lemon(学習研究社)など創刊
※創復刊182誌、休廃刊115誌
・ラジオ:エフエム愛媛、エフエム北海道、エフエム長崎、
エフエム仙台、広島エフエム放送 開局
※民放ラジオ58局(5局増)
・テレビ:テレビ大阪、熊本県民テレビ、鹿児島放送 開局
※民放テレビ99局(3局増)

[流行語]
イマい、ひょうきん、ネクラ、ネアカ、なめたらいかんぜよ、
そこんとこ・よろしく など

[コピー]
本田技研工業「シティは、ニュースにあふれている。遊びが多重放送になりました。(CITY)」(GORO)
松下電器産業「感性期を見過ごすと、ただの大人になってしまう。(EXE)」(高一時代)

1983
(昭和58年)

ARPANETにTCP/IPが導入(1)、
日本テレビ『スーパージョッキー』放送開始(1)、
青木功が日本人初のアメリカPGAツアー優勝(2)、
ロナルド・レーガン米大統領が「悪の帝国」発言(3)、
中国自動車道が全線開通(3)、
TSUTAYAの1号店(大阪枚方)がオープン(3)、
宝塚歌劇団(春の踊り-南蛮花更紗-/ムーンライト・ロマンス)上演(3)、
フジテレビ『オールナイトフジ』放送開始(4)、
NHK朝の連続テレビ小説『おしん』放送開始(4)、
毎日放送系『世界まるごとHOWマッチ』放送開始(4)、
東京ディズニーランド開園(4)、
米スペースシャトル「チャレンジャー」打ち上げ(6)、
任天堂が「ファミリーコンピュータ」発売(7)、
甲斐バンドが新宿で野外コンサート(3万人規模)開催(8)、
国立能楽堂開場(9)、平凡出版がマガジンハウスに社名変更(10)、
ロッキード事件で田中角栄元首相に実刑判決(10)、
劇団四季ミュージカル『キャッツ』の公演・初のロングラン(11)、
東京国際女子マラソンで佐々木七恵が日本人初の国際マラソン優勝(11)、
第2次中曽根康弘内閣発足(12)

[メディア]
・雑誌:日経パソコン(日経マグロウヒル社→日経BP社)、
SAY(青春出版社)、ViVi(講談社)、LEE(集英社)、
月刊カドカワ(角川書店)、NEW MEDIA(宣伝会議)
など創刊 ※創復刊244誌、休廃刊108誌
・ラジオ:静岡エフエム放送 開局 ※民放ラジオ59局(1局増)
・テレビ:テレビ愛知、新潟テレビ21、テレビユー福島 開局
※民放テレビ102局(3局増)

[流行語]
フォーカスされる、カラス族、いいとも!、いかにも一般大衆が……、
積木くずし、胸キュン、ニューメディア元年、情報使いすて時代 など

[コピー]
デサント「好きだぜ!大根足」(写楽)

1984
（昭和59年）

「週刊文春」ロス疑惑を報道（1）、
アップルコンピュータが「Macintosh」を発表（1）、
サラエボ冬季オリンピックが開催（2）、
名古屋国際女子マラソン初開催（3）、
スタジオジブリ「風の谷のナウシカ」公開（3）、
江崎グリコ社長誘拐（グリコ・森永事件）（3）、
宝塚歌劇団『風と共に去りぬ』上演（3）、
長谷川一夫と植村直己に国民栄誉賞（4）、
読売新聞社跡地にプランタン銀座開業（4）、
テレビ朝日がアメリカのケーブルテレビ局（CNN）と提携（4）、
NHKが衛星放送を開始（5）、
ロサンゼルス夏季オリンピック開催（7）、
スペースシャトルディスカバリー、初の打ち上げ成功（8）、
森永製菓に脅迫状（グリコ・森永事件）（9）、住友製薬発足（10）、
日劇・朝日新聞社東京本社跡地に有楽町マリオン完成（10）、
山下泰裕に国民栄誉賞（10）、
「いも虫ランド」がスポーツニッポンで連載開始（10）、
第2次中曽根康弘内閣第1次改造内閣発足（11）、
麻布十番マハラジャオープン（12）
[メディア]
・雑誌：FRIDAY（講談社）、**CLASSY.**（光文社）、éf（主婦の友社）、
Lady's Day（徳間書店）、ベストバイクスポーツエクストラ
（講談社）など創刊　※創復刊238誌、休廃刊142誌
・ラジオ：エフエム宮崎、福井エフエム放送 開局
※民放ラジオ 61局（2局増）
[流行語]
教官！、マル金 マルビ、疑惑、千円パック、ここはどこ？私はだれ？ など
[コピー]
ソニー「ここまで防水。水に濡れても、ウォークマン。」（GORO）
[トピックス]
日経平均株価初の10,000円突破

1980s

1985
(昭和60年)

両国国技館が完成 (1)、ウォズニアックが米アップルを去る (2)、
第6回名古屋国際女子マラソンで佐々木七恵優勝 (3)、
東北新幹線 (大宮〜上野間) 開通 (3)、
国際科学技術博覧会 (つくば'85) 開催 (3)、オレンジカードの利用開始 (3)、
日本電信電話公社が日本電信電話 (NTT) に、
日本専売公社が日本たばこ産業 (JT) に民営化 (4)、
フジテレビ『夕やけニャンニャン』放送開始 (4)、
国際結婚の際に夫婦同姓・夫婦別姓のいずれも選択可能に (5)、
映画『バック・トゥ・ザ・フューチャー』公開 (7)、
NTTが携帯電話「ショルダーフォン」を発売 (9)、
前席シートベルトの着用が義務化 (9)、
任天堂「スーパーマリオブラザーズ」発売 (9)、
G5がプラザ合意/バブル景気へ (9)、
テレビ朝日の赤坂新放送センター完成 (9)、
ドミノ・ピザ 1号店 (東京恵比寿) オープン (9)、
関越自動車道 (前橋IC-湯沢IC) 全線開通 (10)、
テレビ朝日『ニュースステーション』放送開始 (10)、
阪神タイガース、セ・リーグ優勝 (10)、阪神タイガースが日本一に (11)、
米マイクロソフト「Windows1.0」発表 (11)、
第2次中曽根改造内閣発足 (12)
[メディア]
・雑誌：ぴあ関西版-Q (ぴあ)、Emma (文藝春秋)、
日経マネー (日経ホーム出版)、
オレンジページ (アシーネ→オレンジページ)、
マタニティ (婦人生活社) など創刊
※創復刊245誌、休刊誌 151誌
・ラジオ：エフエム秋田、富山エフエム放送、三重エフエム放送、
エフエム岩手、エフエム群馬、エフエム中九州、
エフエム山口、横浜エフエム 開局
※民放ラジオ 69局 (8局増)
・テレビ：テレビせとうち 開局 ※民放テレビ 103局 (1局増)
[流行語]
いじめ、お嬢サマ、知りまっしぇ〜ん、投げたらアカン、トラフィーバー など

[コピー]
東陶機器「私 糸井重里の"おしり"は、きれいです。(ウォシュレット)」(LEE)

1986
(昭和61年)

TBS『加トちゃんケンちゃんごきげんテレビ』放送開始(1)、
スティーブ・ジョブズがルーカスフィルムの一部を買収しピクサーを設立(2)、
ハレー彗星地球接近(3)、
男女雇用機会均等法施行(4)、
ソ連チェルノブイリ原子力発電所爆発事故(4)、
東京サミット(第12回先進国首脳会議)開催(5)、
英チャールズ皇太子とダイアナ妃来日/ダイアナフィーバー(5)、
「ドラゴンクエスト」発売(5)、FIFAワールドカップメキシコ大会開幕(5)、
東京ディズニーランド内ホテル第1号サンルートプラザ東京開業(7)、
第3次中曽根康弘内閣発足(7)、
大井競馬場で日本初のナイター競走開催(7)、
テレビ朝日『ミュージックステーション』が放送開始(10)、
フライデー襲撃事件(12)
[メディア]
・新聞:読売家庭経済新聞(読売新聞社)発刊
・雑誌:ファミコン通信(アスキー)、TOUCH(小学館)、
FLASH(光文社)、**DIME**(小学館)、
Tarzan(マガジンハウス)、Boon(祥伝社)、
MEN'S NON-NO(集英社)、FINE BOYS(日之出出版)、
ピチレモン(学習研究社)など創刊
※創復刊179誌、休廃刊133誌
・ラジオ:エフエム山陰放送 開局
※民放ラジオ70局(1局増)
[流行語]
究極、ファミコン、アークヒルズ、知的水準、おニャン子、150円台 など
[コピー]
松下電器産業「あれっ、アイロン、切ったかしら。ドキッ　電車に乗ってから気がついた。」(クロワッサン)
[トピックス]
高級ブランドブーム、**グルメブーム**、お嬢さまブーム

1987
(昭和62年)

NTT株が上場し財テクブームに(2)、
アップルコンピュータが「Macintosh II」と「Macintosh SE」発表(3)、
国鉄分割民営化でJR6社誕生(4)、**NTTが携帯電話1号機を発売**(4)、
なんばグランド花月開館(4)、有明コロシアム完成(4)、
読売テレビ『シティーハンター』放送開始(4)、
中嶋悟がF1デビュー(4)、日経平均株価2万5000円台(6)、
テレビ朝日『世界の車窓から』放送開始(6)、
衣笠祥雄が国民栄誉賞(6)、
デヴィット・ボウイがベルリンの壁近くで「ヒーローズ」歌う(6)、
NHK衛星第1テレビジョンアナログ放送が開始(7)、
マイケル・ジャクソンが来日コンサート(9)、
ブラックマンデー・世界同時株安(10)、
鈴鹿サーキットでF1初開催(11)、竹下登内閣発足(11)、
ロフト1号店(渋谷)が開業(11)、カプコン「ロックマン」発売(12)、
スクウェア「ファイナルファンタジー」発売(12)、
BOØWY渋谷公会堂で解散(12)
[メディア]
・雑誌:OZmagazine(スターツ出版)、
日経TRENDY(日経ホーム出版社→日経BP社)、
MINE(講談社)、
Esquire 日本版(ユーピーユー→エスクァイアマガジンジャパン)、
レタスクラブ(西武タイム→角川SSコミュニケーションズ)
など創刊　※創復刊126誌、休廃刊116誌
・ラジオ:エフエム青森、エフエムラジオ新潟 開局
※民放ラジオ72局(2局増)
・テレビ:※民放テレビ103局
[流行語]
マルサ、JR、朝シャン、マンガ日本経済入門 など
[コピー]
東陶機器「脱がないコトで有名な私は、シャンプードレッサーの持ち主です。」
(クロワッサン)
[ノーベル賞]
利根川進がノーベル医学・生理学賞受賞

1980s

1988
(昭和63年)

ソ連ペレストロイカ開始(1)、
「ニューイヤー駅伝」(群馬県)大会開始(1)、
ソニーがVHS方式ビデオテープレコーダに参入(1)、
カルガリー冬季オリンピック開催(2)、青函トンネル開業(3)、
東京ドームが完成(3)、
美空ひばりが東京ドーム「不死鳥コンサート」を開催(4)、
スタジオジブリ『となりのトトロ』『火垂るの墓』公開(4)、
劇団四季『オペラ座の怪人』日本初演(4)、
サンケイ新聞が「産経新聞」に改題、一般紙で初のカラー紙面(5)、
中部読売新聞が「読売新聞」に改題、読売新聞が全国紙化(6)、
リクルート事件(6)、ダイエーが南海ホークスを買収(9)、
ソウル夏季オリンピック(9)、
NASA「スペースシャトル・ディスカバリー」打ち上げ成功(9)、
日本テレビ『それいけ!アンパンマン』放送開始(10)、
オリエント・リースが阪急ブレーブスを買収(10)、
オリエント急行が日本上陸(10)、
ソ連が宇宙シャトル「ブラン」打ち上げ(11)、竹下登改造内閣発足(12)
[メディア]
・雑誌:ぴあ中部版(ぴあ)、ASAHIパソコン(朝日新聞社)、
AERA(朝日新聞社)、週刊SPA!(扶桑社)、
Goods Press(徳間書店)、Begin(世界文化社)、
日経WOMAN(日経ホーム出版社→日経BP社)、
Hanako(マガジンハウス)、Ray(主婦の友社)など創刊
/平凡パンチ(マガジンハウス)廃刊
※創復刊131誌、休廃刊79誌
・ラジオ:エフエム香川、エフエム富士、長野エフエム放送、
エフエムジャパン、エフエム埼玉 開局
※民放ラジオ77局(5局増)
・テレビ:※民放テレビ103局
[流行語]
ペレストロイカ、ハナモク、ドライ戦争、ふつうは“汚職”と申します
など
[コピー]
オカモト「男も妊娠すればいいんだ。」(MORE)

1989
(平成元年)

昭和天皇崩御・皇太子明仁親王が即位（1）、平成に改元（1）、
金融機関の週休2日制がスタート（2）、
新宿・渋谷駅にJR初の発車メロディ導入（3）、
『アジア太平洋博覧会』（よかトピア）福岡で開催（3）、
みなとみらい21地区で『横浜博覧会』（YES'89）開催（3）、
消費税3%導入（4）、仙台市が政令指定都市に（4）、
横浜アリーナ開業（4）、任天堂『ゲームボーイ』発売（4）、
NHKが衛星第1テレビ・衛星第2テレビ本放送開始（6）、
宇野宗佑内閣発足（6）、中国天安門事件（6）、
シャープが液晶ビジョン「XV-100Z」発売（6）、
故・美空ひばりが女性初の国民栄誉賞（7）、
第1次海部俊樹内閣発足（8）、横浜ベイブリッジ開通（9）、
ソニーがアメリカのコロンビア映画を買収（9）、
横綱・千代の富士が国民栄誉賞（9）、
日本テレビ『所さんの目がテン！』放送開始（10）、
日本テレビ『ダウンタウンのガキの使いやあらへんで!!』放送開始（10）、
幕張メッセ開業（10）、東京モーターショーが幕張メッセで初開催（10）、
三菱地所が米「ロックフェラー・センター」買収（10）、
ベルリンの壁崩壊（11）、
東証大納会で日経平均株価が史上最高値38,957円44銭を記録（12）
[メディア]
・雑誌：Caz（扶桑社）、サライ（小学館）、**SPUR**（集英社）、
Vingtaine（婦人画報社→ハースト婦人画報社）、
CREA（文藝春秋）、CUTiE（宝島社）など創刊
※創復刊112誌、休廃刊56誌
・ラジオ：エフエム山形、エフエムはちまるに、
エフエムサウンド千葉 開局
※民放ラジオ80局（3局増）
・テレビ：テレビ北海道、テレビユー山形、熊本朝日放送
NHK衛星放送本放送 開局
※民放テレビ106局（3局増）
[流行語]
渋カジブーム、セクシャル・ハラスメント、オバタリアン、『壁』開放、
平成 など

1980s

1990年代 バブル景気崩壊、阪神・淡路大震災、地下鉄サリン事件など「失われた10年」となる。

1990
(平成2年)

スペースシャトルコロンビア帰還(1)、
ローリング・ストーンズ初来日公演(2)、
ポール・マッカートニー来日公演(3)、
大阪で国際花と緑の博覧会(花の万博)開催(4)、
ユニバーサル・スタジオ・フロリダ開業(6)、
FIFAワールドカップイタリア大会開幕(6)、
礼宮文仁親王と川嶋紀子さまがご結婚(6)、
東西ドイツ再統一(10)、任天堂「スーパーファミコン」発売(11)、
バーニーズニューヨーク1号店(東京新宿)オープン(11)、
World Wide Web登場(12)
[メディア]
・雑誌:Gainer(光文社)、Tokyo Walker(角川書店)、
Hanako WEST(マガジンハウス)、
dancyu(プレジデント社)、
FIGARO japon(TBSブリタニカ→CCCメディアハウス)、
すてきな奥さん(主婦と生活社)など創刊
※創復刊155誌、休廃刊81誌
・ラジオ:エフエム石川、兵庫エフエムラジオ放送、
エフエム大分 開局
※民放ラジオ83局(3局増)
・テレビ:テレビ金沢、長崎文化放送、テレビユー富山 開局
※民放テレビ109局(3局増)
[流行語]
アッシーくん、みつぐくん、キープくん、バブル(経済)、ファジー、
ちびまる子ちゃん(現象)、バブル経済、三高(身長・学歴・収入)など
[トピックス]
新聞広告費ピーク1兆3592億円
初婚平均年齢夫28.4歳、妻25.9歳

1991
(平成3年)

リチャード・ブランソンが熱気球で太平洋を横断(1)、
湾岸戦争勃発(1)、東京都新都庁舎開庁(4)、
日本初のBSペイテレビ「WOWOW」が本放送を開始(4)、
日本初外資系ディスコ「ジュリアナ東京」オープン(5)、
1998年冬季オリンピック開催地が長野に決定(6)、
マツダが日本車初となるル・マン24時間レース総合優勝(6)、
雲仙普賢岳噴火(6)、世界初のWWWサイト誕生(8)、
'91世界陸上選手権(東京)開催(8)、クロアチア紛争(9)、
リーナス・トーバルズが「Linuxカーネル」リリース(10)、
ミャンマーのアウンサンスーチーがノーベル平和賞(10)、
ソ連崩壊(12)

[メディア]

・雑誌:**FRaU**(講談社)、SEDA(日之出出版)、
マルコポーロ(文藝春秋)など創刊
/週刊明星(集英社)など休刊　※創復刊165誌、休廃刊81誌

・ラジオ:エフエム京都 開局
※民放ラジオ84局(1局増)

・テレビ:長崎国際テレビ、ティー・エックス・エヌ九州、
岩手めんこいテレビ、長野朝日放送、青森朝日放送、
北陸朝日放送 開局　※民放テレビ115局(6局増)

[流行語]

…じゃあ〜りませんか、火砕流、地球にやさしい、損失補てん など

1992
(平成4年)

アルベールビル冬季オリンピック開幕(2)、育児休業法実施(4)、
ディズニーランド パリが開園(4)、セビリア万博開幕(4)、
米ロサンゼルス暴動(4)、PKO協力法成立(6)、
バルセロナ夏季オリンピック開幕(7)、
日本最初のホームページが公開(9)、
毛利衛スペースシャトルで日本人初の宇宙飛行士(9)

[メディア]

・新聞:夕刊えひめ、フクニチ新聞、フクニチスポーツ、東京タイムス 休刊

・雑誌:Forbes日本版(ぎょうせい)、Oggi(小学館)など創刊
/朝日ジャーナル(朝日新聞社)、Peach(角川書店)、
NEXT(講談社)など休廃刊

※創復刊158誌、休廃刊106誌
・ラジオ：エフエム徳島、エフエム高知、エフエム佐賀、
エフエム鹿児島 開局 ※民放ラジオ 88局（4局増）
初のコミュニティ放送「FMいるか」開局
・テレビ：秋田朝日放送、伊予テレビ 開局※民放テレビ 117局（2局増）
[流行語]
バブル崩壊、きんさん ぎんさん、ほめ殺し、カード破産、宇宙授業 など
[コピー]
メルセデスベンツ「メルセデスの嘘。」（Bart）

1993（平成5年）

FISワールドカップリベレツ大会で荻原健司が日本人初の個人総合優勝（3）、
サッカー Jリーグ開幕（5）、
皇太子徳仁親王と小和田雅子さまがご結婚（6）、
富士通ゼネラルが世界で初めてプラズマディスプレイを商品化（6）、
東京国際空港旅客ターミナル移転ビッグバードオープン（9）、
ネルソン・マンデラとフレデリック・ウィレム・デクラークに
ノーベル平和賞（10）、屋久島、白神山地が世界自然遺産に登録（12）、
法隆寺地域の仏教建造物、姫路城が世界文化遺産に登録（12）
[メディア]
・新聞：日刊アスカ（飛鳥新社）発刊
・雑誌：GQ JAPAN（中央公論社→コンデナスト・ジャパン）、
Chou Chou（角川書店）、TANTO（集英社）、
ゼクシィ（リクルート）、たまごクラブ・ひよこクラブ
（福武書店→ベネッセコーポレーション）、
Zipper（祥伝社）など創刊　※創復刊169誌、休廃刊118誌
・ラジオ：エフエム・ノースウェーブ、エフエム九州、
エフエム名古屋 開局　※民放ラジオ 91局（3局増）
・テレビ：山口朝日放送、大分朝日放送 開局
※民放テレビ 119局（2局増）
[流行語]
Jリーグ、新・○○、規制緩和、天の声、2500円スーツ など
[コピー]
東京都「どうしてエイズをこわがるのだろう。」（アサヒグラフ）
ベネトン・ジャパン「UNITED COLORS OF BENETTON.」（Tarzan）

1994
(平成6年)

リレハンメル冬季オリンピック開催(2)、
F1・サンマリノGPでアイルトン・セナが事故死(5)、
FIFAワールドカップアメリカ大会開幕(6)、松本サリン事件(6)、
北朝鮮金日成主席死去(7)、関西国際空港開港(9)、
古都京都の文化財が世界文化遺産に登録(12)
[メディア]
・雑誌：Kansai Walker(角川書店)、Game Walker(角川書店)、
ダ・ヴィンチ(メディアファクトリー)、
日経ウェルネス(日経BP社)、日経Click(日経BP社)創刊
/ 月刊Asahi(朝日新聞社)、ル・クール(学習研究社)休廃刊
※創復刊157誌、休廃刊120誌
・ラジオ：エフエム栃木 開局　※民放ラジオ92局(1局増)
・テレビ：鹿児島読売テレビ 開局　※民放テレビ120局(1局増)
[流行語]
すったもんだがありました、同情するなら金をくれ、就職氷河期 など
[コピー]
資生堂「効いてるね、そのレッド(レシェンテ)」(CanCam)
[ノーベル賞]
大江健三郎がノーベル文学賞受賞
[トピックス]
就職氷河期(大卒就職難)

1995
(平成7年)

阪神・淡路大震災(1)、
Yahoo!サービス開始(3)、地下鉄サリン事件(3)、
マイクロソフト「Windows95」リリース(8)/
日本版(11)、「Internet Explorer」リリース(8)
白川郷・五箇山の合掌造り集落が世界文化遺産に登録(12)
[メディア]
・雑誌：月刊ザテレビジョン(角川書店)、Monthly Walker
(角川書店)、ラピタ(小学館)、ポタ(小学館)、**VERY**(光文社)、
30ANS(La Vie de 30ans)(婦人画報社→アシェット婦人画報社)、
おはよう奥さん(学習研究社)、GET ON!(学習研究社)、
Ollie(三栄書房)、smart(宝島社)、

egg（ミリオン出版→大洋図書）、いきいき（ユーリーグ）
など創刊　※創復刊202誌、休廃刊130誌
・ラジオ：エフエム福島、関西インターメディア 開局
※民放ラジオ94局（2局増）
・テレビ：愛媛朝日テレビ、琉球朝日放送、
東京メトロポリタンテレビジョン 開局
※民放テレビ123局（3局増）
[流行語]
無党派、がんばろうKOBE、ライフライン、インターネット など
[コピー]
オンワード樫山「組曲」（non-no）

1996
（平成8年）

1990s

橋本龍太郎内閣発足（1）、
日本初のCSデジタル放送「パーフェクTV！」無料放送開始（6）、
アトランタ夏季オリンピック（7）、
スターバックスコーヒー 1号店（東京銀座）オープン（8）、
原爆ドーム・厳島神社が世界文化遺産に登録（12）、
スティーブ・ジョブズがアップルに復帰（12）、
ソフトバンクグループ、マードックと旺文社より
全国朝日放送の株を大量購入
[メディア]
・雑誌：Tokai Walker（角川書店）、PINK（マガジンハウス）、
gillie（現『pen』・TBSブリタニカ→CCCメディアハウス）、
サンキュ！（ベネッセコーポレーション）、**Domani**（小学館）、
Grazia（講談社）、**SPRiNG**（宝島社）、Cawaii！（主婦の友社）
BidaN（インデックス・マガジンズ→インデックス・コミュニケーションズ）創刊
/ 微笑（祥伝社）、ノーサイド（文藝春秋）、
MOTOR FAN（三栄書房）など廃刊
※創復刊200誌、休廃刊103誌
・ラジオ：FMインターウェーブ、FM滋賀 開局
※民放ラジオ96局（2局増）
※コミュニティ放送55局（33局増）
・テレビ：岩手朝日テレビ 開局　※民放テレビ124局（1局増）
[流行語]
自分をほめてあげたい、メークドラマ、ルーズソックス など

[コピー]
日産自動車「変わらなきゃも変わらなきゃ」（週刊新潮）
鐘紡「スーパーリップで攻めてこい。（テスティモII）」（FRaU）
[トピックス]
出版物推定販売金額ピーク 2兆6,563億円
女子の大学進学率が短大進学率上回る

1997
（平成9年）

消費税5%導入（4）、
マスターズ・トーナメントでタイガー・ウッズが最年少優勝（4）、
山梨県富士天神山スキー場でフジロックフェスティバル初開催（7）、
アップルコンピュータとマイクロソフトが提携を発表（8）、
第2次橋本龍太郎改造内閣発足（9）、ダイアナ元英皇太子妃交通事故死（8）、山一證券破綻（11）、東京湾アクアライン開通（12）
[メディア]
・雑誌：週刊アスキー（アスキー）、Kyushu Walker（角川書店）、
TOKYO1週間（講談社）、Can Do！ぴあ（ぴあ）、
男の隠れ家（あいであ・らいふ）、GINZA（マガジンハウス）、
bea's up（スタンダードマガジン→セブン&アイ出版）、
WOOFIN'（シンコー・ミュージック）、
streetJack（ベストセラーズ）、nicola（新潮社）など創刊
※創復刊数179誌、休廃刊誌数134誌
・ラジオ：九州国際エフエム 開局
※民放ラジオ97局（1局増）
※コミュニティ放送84局（29局増）
・テレビ：さくらんぼテレビジョン、高知さんさんテレビ 開局
※民放テレビ126局（2局増）
[流行語]
失楽園（する）、たまごっち、もののけ（姫）、パパラッチ、郵政3事業 など
[コピー]
マックスファクター「SK-II 40's」（VERY）

1998
（平成10年）

長野冬季オリンピック開幕（2）、
アップルコンピュータ「iMac」発表（5）、
「スカイパーフェクTV」をスタート（5）、
FIFAワールドカップフランス大会開幕 /日本初出場（6）、
日本初の火星探査機「のぞみ」打ち上げ成功（7）、
小渕恵三内閣発足（7）、マイクロソフト「Windows98」リリース（8）、
英国放送協会（BBC）が世界初の地上デジタルテレビ放送開始（9）、
Google設立（9）、スカイマーク（羽田 - 福岡線）初就航（9）、
韓国における日本文化が解禁（10）、
国際宇宙ステーション [ISS]建設が開始（11）、
エア・ドゥ（羽田ー千歳線）就航（12）
[メディア]
・新聞：北海タイムス 廃刊
・雑誌：YOKOHAMA Walker（角川書店）、LUCi（扶桑社）、
Kansai Walker Chou Chou（角川書店）、VOCE（講談社）、
メイプル（集英社）、my 40's（主婦の友社）など創刊
/ 自由時間（マガジンハウス）、カピタン（文藝春秋）など休廃刊
※創復刊169誌、休廃刊148誌
・ラジオ：コミュニティ放送 115局（31局増）
※民放ラジオ 97局
・テレビ：※民放テレビ 126局
[流行語]
ハマの大魔神、だっちゅーの、日本列島総不況、ボキャ貧 など
[コピー]
サントリー「そろそろ、ウイスキー飲もう気分。」（TOKYO WALKER）
アメリカンエキスプレス「do more」（TOKYO　WALKER）
[トピックス]
雑誌の創刊は縮小傾向へ移行する

1999
(平成11年)

旭通信社と第一企画が合併しアサツーディ・ケイ発足（1）、
NTTドコモ「iモード」サービス開始（2）、
改正男女雇用機会均等法施行（4）、
2ちゃんねるサービス開設（5）、
Bluetoothバージョン1.0発表（7）、
パイオニアが録画・再生を可能にしたDVDレコーダーを発売（12）、
渋谷駅前にデジタルサイネージQ's EYE設置（12）、マカオ返還（12）
[メディア]
・新聞：週刊紙フロンティアタイムス（北海道21世紀タイムス社）発刊
・雑誌：Chiba Walker（角川書店）、Taipei Walker（角川書店）、
KANSAI1週間（講談社）、サイゾー（インフォバーン）、
BRIO（光文社）、VOGUE NIPPON（日経コンデナスト）、
sweet（宝島社）、Samuraimagazine（インフォレスト）
など創刊　※創復刊172誌、休廃刊143誌
・ラジオ：エフエム岡山 開局
※民放ラジオ98局（1局増）
※コミュニティ放送125局（10局増）
・テレビ：とちぎテレビ 開局　※民放テレビ127局（1局増）
[流行語]
雑草魂、学校（級）崩壊、カリスマ、だんご3兄弟、iモード など
[コピー]
アップルコンピュータ「Simply amazing（iMac）」（BRUTUS）

2000年代 IT革命とインターネットの爆発的普及により現在のようなネット社会の時代に突入する。

2000
(平成12年)

米アメリカ・オンラインが米タイム・ワーナー買収発表 (1)、
マイクロソフト「Windows2000」発売 (2)、
ソニー・コンピュータエンタテインメントが「PlayStation 2」発売 (3)、
東京都がラッピングバスを運行開始 (4)、
小渕首相が入院し森喜朗内閣発足 (4)、ハノーバー万博開幕 (6)、
ヤフー「Yahoo!モバイル」提供開始 (6)、
タイガー・ウッズが全英オープンに優勝・グランドスラム達成 (7)、
シドニー夏季オリンピック開幕 (9)、
金大中韓国大統領にノーベル平和賞 (10)、
グーグル「Google AdWords」を開始 (10)、
ホンダ2足歩行ロボット「ASIMO」発表 (11)、BSデジタル放送開始(12)、
日本衛星放送が「WOWOW」に社名変更(12)、
インターネット博覧会(インパク)が開催(12)、
IT革命 新語・流行語大賞 (12)

[メディア]
・雑誌：Kobe Walker・Hokkaido Walker(角川書店)、
一個人 (ベストセラーズ)、自遊人 (カラット)、
Memo[メモ]男の部屋 (ワールドフォトプレス)、
TITLe(文藝春秋)、Casa BRUTUS (マガジンハウス)、
monthly m (ベルシステム24)、mini (宝島社)、
S Cawaii! (主婦の友社)、Ego system (リイド社) など創刊
※創復刊209誌、休廃刊135誌
・ラジオ：愛知国際エフエム、新潟県民エフエム 開局
※民放ラジオ 100局 (2局増)
※コミュニティ放送137局 (12局増)
・テレビ：※民放テレビ 127局

[流行語]
おっはー、IT革命、Qちゃん、ジコチュー、パラパラ など

[コピー]
東芝「赤坂見つけ。四谷見つけ。(PHS位置情報システム)」(アサヒグラフ)

2000s

松下電器産業「3分間だけ、白内障になってください」(アサヒグラフ)
東京海上火災保険「地球にかける保険はないから、海の森をつくろうと思いました。」(日経ビジネス)
キリンビール「KIRIN 環境問題」(家庭画報)
[ノーベル賞]
白川英樹がノーベル化学賞受賞
[トピックス]
テレビ広告費ピーク 2兆793億円
※平均初婚年齢夫28.8歳、妻27.0歳※女性25 ～ 29歳の未婚率が5割超

2001
(平成13年)

ユニバーサルスタジオ・ジャパン開園 (3)、
第1次小泉純一郎内閣発足 (4)、Wikipediaサービス開始 (5)、
スタジオジブリ『千と千尋の神隠し』劇場公開 (7)、
Googleが東京に初のインターナショナルオフィスを開設 (8)、
アメリカ同時多発テロ事件 (9)、
東京ディズニーシー開園 (9)、
アップル「iPod」とiTunesサービスを発表 (10)、
Microsoft「WindowsXP」リリース (10)、
東日本旅客鉄道が東京圏で「Suica」のサービス開始 (11)、
愛子内親王誕生 (12)、石川銀行破綻 (12)
[メディア]
・雑誌：東京カレンダー (アクセス・パブリッシング)、
日経おとなのOFF (日経ホーム出版社)、Obra(講談社)、
Hemingway (毎日新聞社)、MILES (徳間書店)、
おとなの週末 (講談社)、ナトラ (ニューズ出版)、
LEON (主婦と生活社)、DIAS (光文社)、Style (講談社)、
Soup. (インデックス・マガジンズ→インデックス・コミュニケーションズ)、
JILLE (双葉社)、mina (主婦の友社)、
ラブベリー (徳間書店) など創刊
/ 週刊宝石 (光文社)、FOCUS (新潮社)、FMfan (共同通信社)
など休廃刊　※創復刊167誌、休廃刊170誌
・ラジオ：岐阜エフエム 開局
※民放ラジオ 101局 (1局増) ※コミュニティ放送151局 (14局増)
・テレビ：※民放テレビ 127局

2000s

[流行語]
米百俵、聖域なき改革、恐れず怯まず捉われず、骨太の方針、
ワイドショー内閣、改革の痛み、e-ポリティックス、狂牛病、
ドメスティック・バイオレンス(DV)、ブロードバンド など
[コピー]
シャープ「21世紀に、何を見たいですか。(AQUOS)」(Pen)
[ノーベル賞]
野依良治がノーベル化学賞受賞

2002
(平成14年)

TBSが横浜ベイスターズを買収(1)、
ソルトレークシティ冬季オリンピック開幕(2)、産経新聞夕刊を廃止(4)、
東京都屋外広告条例が緩和・鉄道車両のラッピング広告が実施可能(4)、
FIFAワールドカップ日韓共同大会(5)、
読売新聞社が読売新聞グループ体制に(7)、
米アップル「Mac OS X Jaguar」発売(8)、
小泉純一郎内閣第1次改造内閣発足(9)、
国土交通省が「グローバル観光戦略」発表(12)
[メディア]
・雑誌:日経Masters(日経BP社)、**STORY**(光文社)、PS(小学館)、
サムライマガジン(英知出版)など創刊
/ mc sister(アシェット婦人画報社)、Petit seven(小学館)、
実業の日本JN(実業之日本社)など休廃刊
※創復刊197誌、休廃刊152誌
・ラジオ:※民放ラジオ 101局 ※コミュニティ放送159局(8局増)
・テレビ:※民放テレビ 127局
[流行語]
タマちゃん、W杯、中津江村、ダブル受賞、拉致、Godzilla など
[コピー]
松下電器産業「単身赴任の一家団欒。(ムーバ P211i)」(AERA)
[ノーベル賞]
小柴昌俊がノーベル物理学賞を受賞、田中耕一がノーベル賞化学賞受賞
[トピックス]
企業倒産は、戦後2番目の19,458件で3年連続で前年を上回る
上場企業の倒産は29件で戦後最多
サッカーW杯「日本対ロシア戦」の視聴率66.1%がスポーツ中継歴代2位となる

2003
(平成15年)

朝青龍が横綱に昇進（1）、
スタジオジブリ「千と千尋の神隠し」アカデミー賞長編アニメーション映画賞受賞（3）、**ビジット・ジャパン・キャンペーン開始**（4）、
さいたま市が政令指定都市に移行（4）、
宝塚歌劇団『花の宝塚風土記／シニョール ドン・ファン』上演（4）、
スペイン水泳世界選手権で北島康介が世界新記録で優勝（7）、
米Myspaceサービス開始（8）、
博報堂DYホールディングスが設立（10）、
JR西日本の近畿圏で「ICOCA」運用開始（11）、
第2次小泉純一郎内閣発足（11）、
地上デジタルテレビ放送が東京、大阪、名古屋で開始（12）

[メディア]

・雑誌：Safari（日之出出版）、HUgE（講談社）、ku:nel（マガジンハウス）、InRed（宝島社）、月刊JJbis（現『bis』・光文社）、BLENDA（角川春樹事務所）、Hana★chu（主婦の友社）など創刊
/ Olive（マガジンハウス）、アスラ（毎日コミュニケーションズ）、漫画アクション（双葉社）など休廃刊
※創復刊207誌、休廃刊159誌

・ラジオ：※民放ラジオ 101局　※コミュニティ放送167局（8局増）

・テレビ：※民放テレビ 127局

[流行語]

毒まんじゅう、なんでだろう〜、マニフェスト、SARS など

[コピー]

花王「1度モレただけで母と話す時間が90分もなくなってしまうんです。」（my40'S）

[トピックス]

星野仙一監督率いる阪神タイガースがセ・リーグを制覇

2004
(平成16年)

米Facebookサービス開始（2）、
mixiサービス開始（2）、GREEサービス開始（2）、
ターゲットメディアソリューション設立（4）、
紀伊山地の霊場と参詣道が世界文化遺産に登録（7）、
リクルートがフリーペーパー R25創刊（7）、

2000s

サッカーアジアカップで日本優勝（8）、アテネ夏季オリンピック開幕（8）、
世界ラリー選手権（WRC）が日本で初めて開催（9）、
サイバーエージェントがアメーバブログのサービス開始（9）、
新潟県中越地震（10）、楽天が東北楽天ゴールデンイーグルスを設立（10）、
ソフトバンクが福岡ダイエーホークスを買収発表（11）
任天堂「ニンテンドーDS」発売（12）、
SCE「PlayStation Portable」発売（12）
[メディア]
・雑誌：大人のウォーカー（角川書店）、Straight（扶桑社）、
Gentry（アシェット婦人画報社→ハースト婦人画報社）、
Precious（小学館）、MAQUIA（集英社）、
BOAO（マガジンハウス）、NIKITA（主婦と生活社）、
Colorful（ぴあ）、**Mart**（光文社）、おはよう赤ちゃん
（学習研究社）、Men's JOKER（ベストセラーズ）、
smart max（宝島社）、PINKY（集英社）、teengirl（宝島社）、
GLITTER（トランスメディア）など創刊
/ Hot-Dog PRESS（講談社）、オブラ（講談社）など休廃刊
※創復刊216誌、休廃刊172誌
・ラジオ：※民放ラジオ101局 ※コミュニティ放送177局（10局増）
・テレビ：※民放テレビ127局
[流行語]
チョー気持ちいい、気合いだー、セカチュー、冬ソナ など
[コピー]
アップルコンピュータ「No Copy（iPod）」（CREA）

2000s

2005（平成17年）
京都議定書発効（2）、ライブドアがニッポン放送株取得（2）、
中部国際空港（セントレア）開港（2）、
米YouTubeサービス開始（2）、
愛知で日本国際博覧会（愛・地球博）開幕（3）、
アップル「Mac OS X Tiger」発売（4）、JR福知山線脱線事故（4）、
知床が世界自然遺産に登録（7）、
FIFAコンフェデレーションズカップ2005開幕（6）、
宇宙飛行士野口聡一搭乗のスペースシャトル「ディスカバリー」打ち上げ（7）、
グーグルがAndroid社を買収（8）、アップル「iPod nano」発売（9）、

香港ディズニーランドが開業(9)、
楽天が東京放送の株を大量購入(10)、
歌舞伎がユネスコ世界無形文化遺産に登録(11)、
紀宮清子内親王と黒田慶樹さまがご結婚(11)
[メディア]
・雑誌:駱駝(小学館)、UOMO(集英社)、COURRiER Japon
(講談社)、GISELe(主婦の友社)、REAL SIMPLE JAPAN
(日経BP社)、GLAMOROUS(講談社)など創刊
/ PREMIERE(アシェット婦人画報社)、melon(祥伝社)、
Grand Magasin(日之出出版)、じゃらん(リクルート)
など休廃刊※創復刊201誌、休廃刊148誌
・ラジオ:※民放ラジオ101局 ※コミュニティ放送185局(8局増)
・テレビ:※民放テレビ127局
[流行語]
小泉劇場、クールビズ、ブログ、萌え〜 など
[トピックス]
阪神タイガースがセ・リーグ優勝
中国で反日デモ

2006
(平成18年)

2000s

ライブドア事件(1)、日本郵政株式会社が発足(1)、
DeNA「モバゲー」サービス開始(2)、
トリノ冬季オリンピック開催/荒川静香が女子フィギュアスケート
金メダル獲得(2)、ソフトバンクがボーダフォンを買収(4)、
地上デジタルテレビ放送「ワンセグ」開始(4)、
ピクサー、ウォルト・ディズニー・カンパニーの完全子会社に(5)、
FIFAワールドカップドイツ大会開幕(6)、
Twitterサービス開始(7)、
第1次安倍晋三内閣発足(9)、アップル「Apple TV」発表(9)、
GoogleがYouTubeを買収(9)、
携帯電話の番号ポータビリティ制度開始(10)、
SCE「PlayStation3」発売(11)、
京都国際マンガミュージアムが開館(11)、任天堂「Wii」発売(12)、
ニワンゴ、ニコニコ動画サービス開始(12)

[メディア]
・雑誌：STAR soccer（扶桑社）、GOETHE（幻冬舎）、
OCEANS（インターナショナル・ラグジュアリー・メディア）、
プレジデント Family（プレジデント社） など創刊
/ **30ANS**（アシェット婦人画報社）、éf（主婦の友社）、
メイプル（集英社）、bis（光文社）、Caz（扶桑社）など休廃刊
※創復刊161誌、休廃刊167誌
・ラジオ：※民放ラジオ局101局※コミュニティ放送200局（15局増）
・テレビ：※民放テレビ局127局
[流行語]
イナバウアー、格差社会、脳トレ、ミクシィ、メタボリックシンドローム
など
[コピー]
松下電器産業「えっ？離婚？急に何を言うんだ。（補聴器）」
（読売ウィークリー）

2007
（平成19年）

アップル iPhoneを発表
/Apple Computer, Inc.からApple Inc.に社名変更（1）、

2000s

マイクロソフト「Windows Vista」発売（1）、
Googleが携帯電話専用検索エンジン提供開始（3）、
Huluがサービス開始（3）、Usream がサービス開始（3）、
スカパーJSATが発足（4）、スペースシャトルアトランティス号発射（6）、
石見銀山遺跡とその文化的景観が世界文化遺産に登録（6）、
イチローが大リーグのオールスター戦で日本人初のMVPを獲得（7）、
福田康夫内閣発足（9）、アップル「Mac OS X Leopard」が発売（10）
[メディア]
・雑誌：AneCan（小学館）、GRACE（世界文化社）、ジャンプSQ
（集英社）、クロワッサン Premium（マガジンハウス）、
TVfan（共同通信社）など創刊 / BSfan（共同通信社）、
月刊少年ジャンプ（集英社）、コミックボンボン（講談社）、
ダカーポ（マガジンハウス）など休廃刊
※創復刊182誌、休廃刊218誌
・ラジオ：※民放ラジオ 101局　※コミュニティ放送216局（16局増）
・テレビ：※民放テレビ 127局

[流行語]
どげんかせんといかん、(消えた)年金、食品偽装、ネットカフェ難民 など
[コピー]
松下電器産業「必然形。(P702iD)」(TITLE)
フォルクスワーゲン「Passat-ism 車格より、品格。」(BRIO)
[トピックス]
サブプライム住宅ローン危機

2008
(平成20年)

NTTドコモがPHSサービスを終了(1)、MacBook Air発売(1)、
東芝、HD DVD事業からの撤退(2)、
超高速インターネット衛星「きずな」を打ち上げ(2)、
土井隆雄宇宙飛行士が国際宇宙ステーションに入室(3)、
北京夏季オリンピック開幕(8)、
はてなが動画「rimo」のサービス終了(8)、
リーマンショック (9)、麻生太郎内閣発足(9)、
シルク・ドゥ・ソレイユの常設劇場開業(10)、観光庁発足(10)、
松下電器産業、パナソニックに変更(10)、
JR北海道がICカード乗車券「Kitaca」を導入(10)、
本田技研工業がF1を撤退(12)、新宿コマ劇場閉館(12)
[メディア]
・新聞：名古屋タイムズ 休刊
・雑誌：ELLEgirl (アシェット婦人画報社)、**HERS** (光文社)、
Jane (マガジンハウス)、プラチナ・サライ(小学館)、
VOGUE HOMME Japan (コンデナスト・ジャパン)、
Oily Boy (マガジンハウス)、コミックZERO(双葉社)
など創刊
/主婦の友(主婦の友社)、NIKITA (主婦と生活社)、
月刊現代(講談社)、読売ウィークリー (読売新聞社)、
ヤングサンデー (小学館)、PLAYBOY日本版(集英社)、
GRACE (世界文化社) など休廃刊
※創復刊177誌、休廃刊186誌
・ラジオ：※民放ラジオ 101局　※コミュニティ放送225局(9局増)
・テレビ：※民放テレビ 127局
[流行語]
グ〜!、アラフォー、後期高齢者 など

[ノーベル賞]
小林誠・益川敏英・南部陽一郎がノーベル物理学賞受賞、
下村脩がノーベル化学賞受賞

2009
(平成21年)

バラク・オバマがアメリカ合衆国大統領に就任(1)、
南日本新聞・琉球新報が夕刊の発行を終了(2)、
沖縄タイムスが夕刊の発行を終了(3)、JR九州がICカードを導入(3)、
JR東日本首都圏・仙台圏のSuicaエリアの拡大/
JR北海道のICカードとの相互利用を開始(3)、
西日本新聞社が山口県での西日本新聞と西日本スポーツの販売終了(3)、
モバイル放送サービス終了(3)、岡山市が政令指定都市へ移行(4)、
東京放送(TBS)が放送持株会社に移行(4)、
関西テレビ放送のCS放送終了(4)、
NTTドコモの動画配信サービスを利用したBeeTV開局(5)、
家電エコポイント実施(5-2011/3)、
裁判員制度施行(5)、公共広告機構「ACジャパン」に改称(7)、
国際宇宙ステーションで日本の実験棟「きぼう」が24年かけて完成(7)、
若田光一・宇宙飛行士帰還(7)、消費者庁発足(9)、
民主党政権(鳩山由紀夫内閣)発足(9)、
日本初の宇宙ステーション補給機(HTV)初号機が国際宇宙ステーション(ISS)への接続に成功(9)、
マイクロソフト「Windows 7」発売(10)、
産経新聞が九州で現地印刷を開始(10)、
トヨタ自動車がF1撤退(11)、内外タイムス社が自己破産(11)、
北日本新聞が夕刊の発行を終了(12)
[メディア]
・雑誌:GINGER(幻冬舎)、美STORY(光文社)、
男の隠れ家(朝日新聞出版)、MONOQLO(晋遊舎)、
ファミリーウォーカー(角川マーケティング)、EFiL(扶桑社)、
ジュニアエラ(朝日新聞出版)、ゲッサン(小学館)、
月刊ビッグコミックスピリッツ(小学館)など創刊
/広告批評(マドラ出版)、BRIO(光文社)、Cawaii!
(主婦の友社)、マリ・クレール(アシェット婦人画報社)、
諸君!(文藝春秋)、PINKY(集英社)など休廃刊
※創復刊135誌、休廃刊189誌

2000s

・ラジオ：※民放ラジオ101局　※コミュニティ放送235局（10局増）
・テレビ：※民放テレビ127局
[流行語]
政権交代、事業仕分け、ファストファッション など
[トピックス]
地上波テレビ・ラジオ放送局195社のうち107社が
2008年度収支で純損失を計上

2010年代 iPhone、スマートフォンの爆発的普及によりライフスタイルは大きく変化する。

2010
(平成22年)

アップル iPad発表 (1)、バンクーバー冬季オリンピック開催(2)、
MBSラジオ、ABCラジオがAMステレオからモノラル放送に移行 (3)、
民放ラジオ局13社がインターネット「radiko.jp」にも番組配信 (3)、
朝日新聞西部本社が大分県と佐賀県での夕刊発行を停止 (3)、
上海万博開催 (5)、金星探査機あかつき打ち上げ (5)、
菅直人内閣発足 (6)、小惑星探査機「はやぶさ」が地球に帰還 (6)、
高速道路無料化社会実験の開始(6)、岩手日報が夕刊の発行を廃止 (6)、
経済産業省製造産業局に「クール・ジャパン室」が開設 (6)、
地上デジタルテレビ放送の移行に伴いNHKや民放局127社は画角16:9サイズ放送へ変更 (7)、マイクロソフト『WindowsPhone 7』発表 (10)、
Instagramリリース (10)、
羽田空港新国際線旅客ターミナル供用開始/東京モノレール羽田空港線羽田空港国際線ビル駅・京急空港線羽田空港国際線ターミナル駅が開業(10)、
東北新幹線全線開業 (12)、
NTTドコモがLTE方式通信サービス「Xi」を開始 (12)

[メディア]

・雑誌：Celeb Scandals（ぶんか社)、PopSister（角川春樹事務所)、EDGE STYLE（双葉社)、GLOW（宝島社)、men's FUDGE（三栄書房)、日経PCビギナーズ (日経BP社)、ヤングエース (角川グループパブリッシング)、SPA !コミックス (扶桑社)、ARIA（講談社） など創刊
/ 学習 (学研)、小学5年生 (小学館)、スコラ (スコラマガジン)、大相撲 (読売新聞東京本社)、コミックパンチ (新潮社) など休廃刊 ※創復刊110誌、休廃刊216誌

・ラジオ：愛知国際放送 廃局 ※民放ラジオ 100局 (1局減)
※コミュニティ放送243局 (8局増)

・テレビ：※民放テレビ 127局

[流行語]

ゲゲゲの、女子会、無縁社会 など

[ノーベル賞]

根岸英一・鈴木章がノーベル化学賞受賞

2010s

[トピックス]
2010年の薄型テレビの出荷台数が過去最高を記録

2011
(平成23年)

中国・微信（WeChat）リリース（1）、
JAXAの宇宙ステーション補給機「こうのとり2号」の打ち上げ成功（1）、
任天堂が「ニンテンドー 3DS」発売（2）、
九州新幹線（博多-新八代）開業（3）、
東日本大震災（3）、
東京電力福島第一原子力発電所の原子炉を覆う建屋が爆発（3）、
小笠原諸島が世界自然遺産に登録（6）、
岩手県平泉が世界文化遺産に登録（6）、**LINEサービス開始**（6）
FIFA女子ワールドカップドイツ大会でなでしこジャパンが初優勝（7）、
地上デジタル放送へ移行（7）、野田佳彦内閣発足（9）、
BSデジタル放送12チャンネル追加放送開始（10）、
マンガデザイナーズラボ設立（10）、
スティーブ・ジョブズ死去（10）、
ニュースアプリ「グノシー」サービス開始（10）、
山陽新聞が香川県内での発行及び販売を終了（11）、
DeNA、TBSホールディングスから横浜ベイスターズを買収（11）、
ソニー・コンピュータエンタテインメントが「PlayStation Vita」発売（12）
[メディア]
・雑誌：Lips（マガジンハウス）、LoveCeleb（宝島社）、
Gina（ぶんか社）、男子食堂（ベストセラーズ）、
ウレぴあ（ぴあ）、月刊コミック@パンチ（新潮社）、
月刊ヒーローズ（ヒーローズ）、グランドジャンプ（集英社）、
ねんきん生活（主婦と生活社）など創刊
/ ぴあ首都圏版（ぴあ）、PopSister（角川春樹事務所）、
スーパージャンプ（集英社）、たまひよこっこくらぶ
（ベネッセコーポレーション）など休廃刊
※創復刊119誌、休廃刊158誌
・ラジオ：※民放ラジオ 100局 ※コミュニティ放送253局（10局増）
・テレビ：※民放テレビ 127局
[流行語]
なでしこジャパン、絆、3.11 など

2012
（平成24年）

復興庁が発足（2）、
BS衛星放送が有料放送(スカパー !e2)を6チャンネル追加（3）、
LCCのピーチ・アビエーションが初就航（3）、
衛星放送「Dlife」が開局しBS衛星放送は全31チャンネルに（3）、
岩手県・宮城県・福島県の地上アナログ放送が終了し
約60年の歴史に幕（3）、
FacebookがInstagramを買収（4）、渋谷ヒカリエ開業（4）、
水循環変動観測衛星「しずく」打ち上げ成功（5）、
東京スカイツリータウン開業（5）、
ニュースアプリ「アンテナ」サービス開始（5）、
NTTドコモがタワーレコードを子会社化（6）、
マイクロソフト「Microsoft Surface」発表（6）、
関西国際空港と大阪国際（伊丹）空港が経営統合（7）、
LCC「ジェットスター・ジャパン」就航（7）、
ソフトバンクモバイルがプラチナバンドを開始（7）、
ロンドン夏季オリンピック開幕（7）、著作権法改正（10）、
マイクロソフト「Windows 8」発売開始（10）、
ユネスコ、那智の田楽を無形文化遺産に指定（12）、
任天堂「Wii U」発売（12）、第2次安倍晋三内閣発足（12）
[メディア]
・雑誌：Richesse（ハースト婦人画報社）、VOLT（徳間書店）、
and girl（エムオン・エンタテインメント）、
アプリスタイル（イースト・プレス）、食べようび（オレンジページ）、
ジャンプ改(集英社)別冊少年チャンピオン(秋田書店) など創刊
/ 男子食堂（ベストセラーズ）、Men's YOUNG（双葉社）、
あるじゃん（リクルート）、小学三年生（小学館）、
現代展望（現代展望）など休廃刊
※創復刊98誌、休廃刊152誌
・ラジオ：※民放ラジオ 100局 ※コミュニティ放送267局（14局増）
・テレビ：※民放テレビ 127局
[流行語]
ワイルドだろぉ、iPS 細胞、維新、LCC など
[ノーベル賞]
山中伸弥がノーベル生理学・医学賞受賞

2010s

2013
(平成25年)

元横綱大鵬が国民栄誉賞の受賞（2）、
電通が英イージスグループを買収（3）、
東京メトロで携帯電話のメールやインターネット接続が使用可能（3）、
インターネット選挙運動が解禁（4）、
長嶋茂雄と松井秀喜に対する国民栄誉賞授与（5）、
テレビ放送における東京スカイツリーからの本放送開始（5）、
富士山が世界文化遺産に登録（6）、
2020年夏季オリンピック開催都市が東京に決定（9）、
ニュースアプリ「NEWSPICKS」サービス開始（9）、
NTTドコモがiPhoneの提供開始を発表（9）、
JAXA国産新型ロケット「イプシロン」の打ち上げ成功（9）、
和食がユネスコ世界無形文化遺産に登録（12）、
航空会社バニラ・エア（旧：エアアジア・ジャパン）の初便就航（12）
[メディア]
・雑誌：Figue（双葉社）、DRESS（幻冬舎）、LARME（徳間書店）、
GOLD（世界文化社）、BITTER（大洋図書）、LDK（晋遊舎）、
ROLa（新潮社）、月刊アクション（双葉社）など創刊
/ 漫画サンデー（実業之日本社）、Grazia（講談社）、
日経WinPC（日経BP社）、GLAMOROUS（講談社）、
men's egg（大洋図書）など休廃刊
※創復刊86誌、休廃刊124誌
・ラジオ：※民放ラジオ 100局 ※コミュニティ放送280局（13局増）
・テレビ：※民放テレビ 127局
[流行語]
今でしょ！、お・も・て・な・し、倍返し、アベノミクス、ご当地キャラ
など

2014
(平成26年)

ソチ冬季オリンピック開催（2）、
宇宙飛行士若田光一が日本人初の国際宇宙ステーション船長に就任（3）、
『笑っていいとも！』放送終了（3）、消費税8%に（4）、
テレビ朝日が在京キー局で最後となる放送持株会社に移行（4）、
中部日本放送が放送持株会社に移行（4）、
宇宙飛行士若田光一帰還（5）、
ソフトバンクが家庭向け人型ロボット Pepper発表（6）、

FIFAワールドカップ ブラジル大会(6)、
富岡製糸場と絹産業遺産群が世界文化遺産に登録(6)、
JAL国内線初となる機内インターネットサービスの提供を開始(7)
ソフトバンク「アメリカ放題」サービス開始(9)、
アップル「iPhone6 Plus」発売(9)、
訪日旅行者向け免税制度の対象拡大(10)、
KADOKAWAとドワンゴが経営統合(10)、
少年ジャンプ『NARUTO』15年で連載終了(11)、
ユネスコの無形文化遺産に「和紙 日本の手漉和紙技術」が登録(11)、
小惑星探査機「はやぶさ2」打ち上げ(12)、
リニア中央新幹線、2027年の開業へ向けての建設が開始(12)、
第3次安倍晋三内閣発足(12)、
毎日新聞4コマ漫画「アサッテ君」が40年の連載終了(12)
[メディア]
・雑誌：MADURO(セブン&アイ出版)、PRESIDENT NEXT
(プレジデント社)、大人のおしゃれ手帖(宝島社)、
Forbes JAPAN(プレジデント社)、Gina(ぶんか社)など創刊
/ egg(大洋図書)、小悪魔ageha(インフォレスト)、
BLENDA(角川春樹事務所)、すてきな奥さん(主婦と生活社)
など休廃刊　※創復刊87誌、休廃刊169誌
・ラジオ：※民放ラジオ 100局 ※コミュニティ放送253局(27局減)
・テレビ：※民放テレビ 127局
[流行語]
ダメよ～ダメダメ、集団的自衛権、カープ女子、壁ドン など
[ノーベル賞]
赤崎勇・天野浩・中村修二がノーベル物理学賞受賞
[トピックス]
阪神タイガースクライマックスシリーズ優勝

2015
(平成27年)

東京都羽田空港の屋外広告を解禁(1)、
アップル「Apple Watch」発売(4)、ミラノ万博開催(5)、
DeNAがZMP自動運転タクシー事業へ参入(5)、
大阪都構想が住民投票で否決となる(5)、
明治日本の産業革命遺産が世界文化遺産に登録(7)、
安全保障関連法案が衆議院本会議で可決(7)、

油井宇宙飛行士がソユーズ宇宙船で国際宇宙ステーション（ISS）に（7）、
Microsoft Windows10 の無料アップグレード提供開始（7）、
宇宙補給機「こうのとり5号機」が打ち上げられ国際宇宙ステーションへの物資補給に成功（8）、スポーツ庁設立（10）、
エイベックスが日本音楽著作権協会への委託を解消し10万曲の著作権が系列会社へ移行（10）
初の国産ジェット旅客機MRJが名古屋空港で初飛行（11）、
広島のAM局・中国放送（RCCラジオ）、FM補完中継局として、
FMサイマル放送を開始（12）、
在京AM3局（TBSラジオ・文化放送・ニッポン放送）が都市型難聴・災害対策として東京スカイツリーよりFM補完中継局として
FMサイマル放送を開始（12）
[メディア]
・雑誌：PRESIDENT WOMAN（プレジデント社）など創刊
・ラジオ：※民放ラジオ 100局
※コミュニティ放送267局（14局増）
・テレビ：※民放テレビ 127局
[流行語]
爆買い、一億総活躍社会、五郎丸ポーズ など
[ノーベル賞]
梶田隆章がノーベル物理学賞受賞、
大村智がノーベル生理学・医学賞受賞
[トピックス]
2015年の日本の人口が1920年の調査開始以来初めて減少

2016
（平成28年）

マイナンバー交付（1）、
環太平洋戦略的経済連携協定（TPP）署名（2）、
朝日放送、毎日放送、大阪放送のFM補完放送（ワイドFM）開局（3）、
北海道新幹線(新青森-新函館北斗)開業（3）、
宣伝会議「広告0円」発売（3）、**iPhone SE発売**（3）、
LINEがモバイル通信事業への参入を発表（3）、
電力小売完全自由化（4）、
リオデジャネイロ夏季オリンピック開催（8）

2017
(平成29年)

バラク・オバマ米大統領任期満了(1)、
名古屋にレゴランドジャパン開園(6)

2018
(平成30年)

FIFAワールドカップロシア大会(6)

2019
(平成31年)

ラグビーワールドカップ日本大会開催/ 岩手・埼玉・東京・神奈川・静岡・愛知・大阪・神戸・福岡・熊本・大阪の12都市で開催(9)

2020
(平成32年)

東京夏季オリンピック・パラリンピック開催(7)

※2016年3月以降の( )内の月は予定

2010s

あとがき

「ストロングポイントは何ですか？」といつも講義で問いかける事を自分に問いかけてみた。「発想、それも瞬間的な発想です」。それが答えだ。

「発想、着想は自分の経験値からしか生み出せない」。だからいつも答えは「自分のすぐそばにしかない」と確信している。そして自分の幅を拡げるために「1日2400時間」にすべく、たくさんの人々とのコミュニケーションを最重要視してきた。

その中でも、最も尊敬し、最大限の影響を受けたのが芥川賞作家の村上龍氏だ。村上氏からいただいた「世間に充満する嘘を破壊し、ビジネスに勝利し続けた吉良氏はコミュニケーションの達人である」という言葉は今の自分の支えになっている。

〝概念(嘘)を破壊する〟ためには、もちろん実証性というか理論は必要不可欠である。つまり、〝反証なき反論〟は単なる今日のネット社会にはびこる誹謗中傷であり、絶対に肯定できない事である。自分の反証の礎は〝メディア力〟である。メディアを常に研究しながら広告ビジネスについて考え続けた日々の基にある。

今まさに破壊しなくてはいけない〝嘘〟は世の中にはびこる〝旧態依然とした既成概念〟。日本のメディア構造はこの〝旧態依然とした既成概念〟の上に成り立ち、今大きな変換期を迎えている。

本書を書こうと決めたのは、2000年のIT革命以降2007年にスティーブ・ジョブズ氏がiPhoneを発表し、2009年から実施されたエコポイントでHDDが各家庭に普及した背景があるゆえである(詳しくは本書内で)。

自分がかつて書いた『情報ゼロ円。』(2002年)、『ターゲット・メディア主義〜雑誌礼讃』(2006年)、『ターゲットメディア・トルネード』(2007年)の一部もすでに考え方を変換しなくてはならない時代になったという事である。

当時においては最先端のはずであった持論もiPhone発売以降、加速したメディア革新の前では既に色褪せてみえる。〝iPhone発売以降、塗り替えられたメディア史〟こそが重要なのは言うまでもない。ならば自分の中の既成概念も破壊しなくては。「これまで通り」に甘んじることは成長を拒むことなのだから。変化を受け入れ、変化とともに自己更新をして成長するしかないのだ。

とはいえ、世界は一気にグローバル化され、変化のスピードはめざましい。本書を書き進めながら「最新」が刻々と刷新されていく有様を目の当たりにし、驚いたくらいだ。かろうじて「最新」に翻弄されずに済んだのはメディア史の上流を知り、リアルタイムで起きている事象と照らし合わせるという自分なりの軸足があったからだ。

このあとがきを書いている最中、「東京マラソンのゴールを東京駅付近に変更を検討」という速報が飛び込んできた。これまでの臨海副都心のビッグサイトから東京駅前へ変更するのはランナーが万雷の拍手でゴールする瞬間、「東京らしい」風景があったほうがいいという狙いだろう。２０２０年の東京オリンピック・パラリンピック開催に向け、既存のルールを更新していこうという、予兆のようだ。インバウンド、地方創生を意識したプロジェクトがいよいよ稼働し始めたことを実感する。つまり、外国人の目から見た日本、47都道府県の魅力を最新なものに更新していく事が何よりも大切なのだ。

こうした日々の変化を瞬時に知ることができるのはウェブとモバイルのおかげ。ビル・ゲイツ氏、スティーブ・ジョブズ氏が手掛けたメディア革新の恩恵だ。

まさに今、変革の時（若干遅すぎだが）。

〝日本に来る前に日本の事を知っておいてもらう〟。言葉にするとこんな簡単なことを、今まではオンタイムでそれも個人にカスタマイズして行うことは不可能だった。だが、今は簡単にできるのだ。それがインターネット社会。

課題はコンテンツと言語だけ。これが日本において大問題なわけだ。その解決策のひとつとしてマンガの活用はノンバーバルで十分に可能性がある。ところが版権の壁が高すぎてオウンドメディアに活用できそうにない。

こんな悩みに対してのソリューションが、今私が手がけている日本オリジナルのデザイン手法、マンガデザインに他ならない。マンガデザインはおそらくこの日本が抱える問題解決の切り札だ。本書内にも書いたが、マンガデザインという新しいデザインプロデュースの世界に参入したのはメディアの変化におけるクリエイティブとコンテンツの重要性を痛感したからだ。まさに0から1を創りだす着想だった。ただし、〃既成概念の破壊〃は必要不可欠。この理論をメディア理論でどうしても実証してみたかった。

この話を広告電通賞の審査会会場で宣伝会議副社長の田中里沙氏に話したところ、話をさえぎり「やりましょう」とのお言葉。まさにびっくりしたのだが、その後、最高のライター、砂塚美穂氏を紹介してくださり、電通の新聞局長 前田真一氏、出版ビジネス・プロデュース局長堀内善太氏などにも色々な話を伺って、本書が誕生したわけだ。デザインはエスクジャパンの猪股十氏とマンガデザイナーズラボの石井聡氏に担当してもらい、帯の素敵な文章はコルクの佐渡島庸平氏に書いていただき完成に至った。

感謝をはるかに超えた感謝です。

12年間（もうひとつの感謝）

今から12年前の3月31日、私は〝47歳のハローワーク〟と称して24年間の電通生活に終止符を打って起業。ターゲットメディアソリューションを立ち上げた。

村上龍氏の『13歳のハローワーク』のあとがき『「集団に入らなければ」という誘因性、強制力と、「何をすればいいのかわからない」という悩みはリンクしている』という言葉に強く影響を受けたのを昨日のことのように憶えている。

２００４年甲申の年に集団から独立し、やりたいことをしてみようと考えたわけだ。

その時、妻、そして高校生の長男、小学生の次男、長女がいるなかでの起業だった。もちろん今やっている事を全て想像していた訳ではない。いやほとんど想像できてなかった。

「言った事は変える。それが成長なら」。この考え方で前に進んだ。

誤解を招いた事もあったが、自分の信念として曲げずにこの12年間、がむしゃらに自分の知らない新しい事を追求し続け、何とかやってくることができた。１９６４年の東京オリンピックの感動の閉会式に連れていってくれた父は米寿を迎え、ヘルベルト・フォン・カラヤン指揮のNHKホール、こけら落とし公演チケットをくれた母は85歳、長男・次男は社会人になり、娘も海外留学を経て大学4年生になる。妻は変わらず私を支え続けてくれている。

そして、この12年間、

電通、東急エージェンシー、ADKをはじめとした広告会社

講談社、プレジデント社をはじめとした出版社

宣伝会議、M・I・Cなどのセミナー講座

大阪芸術大学、日本女子大学をはじめとした教育機関

マンガデザイナーズラボ、ターゲットメディアソリューション スタッフ　etc.

数えきれない人々、企業に支えられてきた。

2011年には現SANKOの鈴木文雄社長の協力を受け、新会社、マンガデザイナーズラボを設立。メディアプロデュースにクリエイティブデザインを加え、コンテンツビジネスへのきっかけを創った。また、大阪芸術大学においては塚本英邦副学長に、デザインプロデュースという道を拓いていただいた。

２０１６年中年、電通を卒業して12年目の節目の年を迎え、自身10冊目となる本書『広告０円』を上梓する機会に恵まれた。まさに新しい時代への扉を開かせていただいた。書き残していたメディア史も書き上げることができた。しかし、このあとも歴史はつくり続けられている。まもなくiPhone7が生まれるだろう。ウェアラブルデバイスの時代がもうすぐ来るのだろう。これからはどんな時代になるのだろう。

この12年のように、ものすごいスピードで進んでいくのだろうか。できるなら、しばらくは時代の目撃者であり続けたい。そして新たなメディア論を考え、メディア史を更新したい。それを電子書籍化し、縦スクロールのメディア史にしたい。表紙のキャラクターを主人公にして本書のマンガデザイン化もやってみたい。

そのためには、自動運転の未来を一緒に創造したコルクの佐渡島庸平氏、NewsPicksの佐々木紀彦氏、コンテンツの未来をいつも語り合う神風動画の水崎淳平氏。新しい時代を担う人々の24時間をもっともっといただかなければならない。そうしたら、これからもたくさんの「**笑顔をプロデュース**」することができるだろう。

日本はまだ、世界とつながるメディアを創ったことがない。

だからこそ、世界とつながるコンテンツが大切なんだ。

それが、マンガデザインだと、確信している。

2016年3月31日　吉良 俊彦

引用出典元

● 第２章

＊1　ロッキング・オン編集部　DAVID BOWIE THE LAST INTERVIEW 2003
インタビュー＝中村明美『ロッキング・オン 追悼デヴィッド・ボウイ 1947-2016』
2016 年３月号

＊2　フリードリッヒ・シラー『歓喜に寄せて』訳者不詳
第 31 回「1 万人の第九」より抜粋

● 第３章

＊3＊4　本田雅一『「４K番組は録画禁止」という驚愕のシナリオ
民放５社が密室で主張していることとは』
http://toyokeizai.net/articles/-/100079
東洋経済オンライン　公開日 2016.01.14

＊5　日本経済新聞　GLOBAL EYE
『米消費､｢ほどほど｣にシフト 工業デザイナー 深沢直人氏｢素｣のデザイン流行変化映す』
掲載日 2016 年 1 月 26 日

● 戦後 70 年のメディア史

＊6　桑原晃弥『スティーブ・ジョブズ　名語録 ～人生に革命を起こす 96 の言葉』
PHP 文庫　2010 年

参考文献

竹内一正　『ハングリーであれ、愚かであれ。～最強脳は不合理に働く』
朝日新聞出版　2011 年
竹内一正『スティーブ・ジョブズ vs ビル・ゲイツ～二大カリスマＣＥＯの仕事力』
PHP ビジネス新書　2010 年
桑原晃弥『スティーブ・ジョブズ　名語録～人生に革命を起こす 96 の言葉』
PHP 文庫　2010 年
ケイン岩谷ゆかり　『沈みゆく帝国～スティーブ・ジョブズ亡きあと、
アップルは偉大な企業でいられるのか』　日経 BP 社　2014 年
佐渡島庸平『ぼくらの仮説が世界をつくる』　ダイヤモンド社　2016 年
堀江貴文　『本音で生きる～一秒も後悔しない強い生き方』SB 新書　2015 年
まつもとあつし『村上龍に聞く、震災と希望と電子書籍の未来』
http://ebook.itmedia.co.jp/ebook/articles/1107/25/news018.html
IT media eBook USER　公開日 2011.07.25
村上春樹『職業としての小説家』スイッチ・パブリッシング　2015 年
映画『スティーブ・ジョブズ』ダニー・ボイル監督　2016 年

著者紹介

吉良俊彦（きら・としひこ）

上智大学法学部卒業後、株式会社電通に入社。クリエーティブ局、営業局を経て、1985年より雑誌局へ。様々なラグジュアリーブランドをはじめ、各社のメディア戦略およびプロジェクト、スポーツ・文化イベントの企画プロデュースを行う。

主な担当プロジェクトとして、リチャード・ブランソン氏と「熱気球による太平洋横断」プロジェクト、「FIFAワールドカップ」JVC作業プロデュース、「プレジャー・プロアマゴルフ」プロデュース、「アメリカズカップ」の書籍・写真集プロデュース、村上龍氏「キューバ音楽」プロデュース、「旬な男向上委員会」プロデュースなど多数。

2004年、電通退社。ターゲットメディアソリューション設立。

2011年、マンガデザイナーズラボ設立。マンガデザイン® プロデューサーとして、「マンガデザイン®」による広告企画の総合プロデュースを手がけ、日本の文化であるマンガをコミュニケーションソリューションとしてビジネスに活用している。

2015年より広告電通賞審議会選考委員を務める。

【著書】
2002年　『情報ゼロ円。』　宣伝会議
2002年　『情報零元（中国版）』　中国軽工業出版社
2004年　『「お嬢さん」が知っておきたい意外な疑問350』(共著 女子大生300人委員会)
　光文社 知恵の森文庫
2006年　『ターゲット・メディア主義－雑誌礼讃－』　宣伝会議
2007年　『ターゲットメディア・トルネード』　宣伝会議
2010年　『1日2400時間吉良式発想法』　プレジデント社
2011年　『嘘の破壊』　プレジデント社
2013年　『マンガデザインで「笑顔をプロデュース」』　プレジデント社
2013年　『来週のプレゼンに勝つ！』　プレジデント社

【教育】

大阪芸術大学デザイン学科客員教授、日本女子大学講師、宣伝会議各種講座講師、文化服装学院講師　など

【資格】

イベント業務管理士1級

マンガデザイナーズラボ　http://manga-designers.net/
吉良 Twitter (@topstms)　　吉良語録 Twitter (@kira_goroku)

広告0円
スマホを電話だと思う人は読まないでください。

2016年4月21日　初版第1刷発行

著　者　　吉良俊彦
発行者　　東　英弥
発行所　　株式会社宣伝会議
http://www.sendenkaigi.com
〒107-8550 東京都港区南青山3-11-13
tel 03-3475-7670（販売）
tel 03-3475-7660（編集）

編集協力　　砂塚美穂
装丁・本文デザイン　　株式会社エスクジャパン　猪股　十
マンガデザイナーズラボ株式会社　石井　聡
佐々木彩
表紙キャラクターデザイン　　マンガデザイナーズラボ株式会社　板垣翔子
印刷・製本　　中央精版印刷株式会社

ISBN978-4-88335-363-7　C2063